复杂期权的数值方法

Numerical Methods for Complex Option Pricing

周志强　吴红英◎著

中国经济出版社
CHINA ECONOMIC PUBLISHING HOUSE
北 京

图书在版编目(CIP)数据

复杂期权的数值方法 / 周志强，吴红英著 . -- 北京 ：
中国经济出版社，2024. 8. -- ISBN 978-7-5136-7845-2

Ⅰ. F830. 95

中国国家版本馆 CIP 数据核字第 2024KS6377 号

责任编辑 丁　楠　常　毅
责任印制 马小宾
封面设计 久品轩

出版发行 中国经济出版社
印 刷 者 北京艾普海德印刷有限公司
经 销 者 各地新华书店
开　　本 710mm×1000mm　1/16
印　　张 10
字　　数 150 千字
版　　次 2024 年 8 月第 1 版
印　　次 2024 年 8 月第 1 次
定　　价 88. 00 元
广告经营许可证 京西工商广字第 8179 号

中国经济出版社 **网址** http://epc. sinopec. com/epc/ **社址** 北京市东城区安定门外大街 58 号 **邮编** 100011

目录

1

引　言

作为期权定价里程碑的 Black-Scholes-Merton(BSM)公式自 1976 年问世以来就得到了广泛的应用，Scholes 和 Merton 也因此获得 1997 年诺贝尔经济学奖。过去的三四十年来，BSM 公式得到某些修正和扩展，最为典型的有 CEV(Constant Elasticity of Variance)模型、指数跳(Exponential Jump Diffusion，EJD)模型、状态转移(Regime Switching)模型、有限矩对数稳定(Finite Moment Logarithmic Stability，FMLS)模型和分数布朗运动(Fractional Brownian Motion，FBM)模型等，关于这些期权模型已经有大量的文献进行深入讨论。

期权定价的两个问题在学术界和金融实践中引起了广泛关注。

其一，单一资产定价已经不能满足金融实际的需要，多资产定价模型的金融创新研究越来越受到重视。在多资产定价背景下，经典的 BSM 一维方程被推广到多维方程，其求解复杂性显著增强，传统的有限差分(Finite Difference，FD)方法和有限元(Finite Elements，FE)方法在计算高维方程时面临“维数烦恼”的困难，从而需要发展新的数值方法来适应高维问题的计算。径向基函数(Radial Basis Function，RBF)无网格方法无须网格剖分，具有高光滑性，计算格式与问题维数无关，是计算高维问题的理想工具。Rada(2015)、Safdari-Vaighani(2015)、Shcherbakov(2016)和 Chan(2014)等将径向基函数方法引入多资产期权计算，取得了较好的结果。

其二，BSM 公式赖以成立的重要假设是标的资产价格服从几何布朗运动(Geometric Brownian Motion，GBM)，然而大量的实证研究发现，标的资产价格在大多数情况下并不严格服从几何布朗运动，通常具有波动率黏性、跳扩散和尖峰后尾等非高斯统计特征。Carr 和 Wu(2003)的实证研究表明 Lévy-α 稳态过程能够捕捉到股价变动的波动率微笑和尖峰后尾等统计特征；Duncan(2000)、Hu(2003)和 Jumarie(2008)试图用分数布朗运动来描述股价运动的非高斯特征。Cartea(2005)、Jumarie 和 Liang(2010)的研究指出基于 FBM 和 Lévy-α 稳态过程的期权定价最终都归结为分数阶偏微分方程。相较于传统的整数阶模型，分数阶期权定价的结果更接近期权交易的实际情况，从而基于 Lévy-α 稳态过程和 FBM 的期权定价方法具有更为广阔的前景。关于多资产期权和分数阶期权的研究工作一直以来是相互独立开展的，它们之间并无交集。在应用方面，金融实践要求多资产定价方法更为精准、有效，而且能够快速计算。在期权理论方面，非高斯过程环境下研究多资产定价方法还刚刚起步。

许多实证研究表明资产价格具有跳扩散特征，这些实证结果建议使用列维(Lévy)过程描述股价运动，诸如默顿跳扩散(Merton Jump Diffusion，MJD)模型、双指数跳扩散(Double Exponential Jump Diffusion，DEJD)模型、CGMY 模型、方差伽玛(Variance Gamma，VG)模型、正态逆高斯(Normal Inverse Gaussian，NIG)模型等应运而生。不像 GBM 模型显示密度函数，Lévy 动力系统只显示特征函数，这给期权定价与风险管理带来挑战。

目前，四种数值方法是 Lévy 过程下期权定价的主流算法。一是分数阶偏微分方程(Fractional Partial Differential Equation，FPDE)方法；二是蒙特卡罗(Monte Carlo，MC)模拟方法；三是基于快速傅立叶变换(Fast Fourier Transform，FFT)方法，与其并行发展的是拉普拉斯变换(Laplace Transform，LT)方法；四是柳树(Willow Tree，WT)方法。

FPDE 方法需要首先建立分数阶偏微分方程的适定问题，然后使用数值方法求解。MC 方法比较直接，但会产生许多随机模拟路径，十分耗时。FFT 方法是最为普遍的方法。对于 FFT 方法，其主要困难是在数值积分过程中如何取有限区间$[a, b]$代替无穷区间$(-\infty, +\infty)$，同时利用数值积分确定股价的分布函数，FFT 方法很难扩展到路径依赖期权。WT 方法基本结构简单、易于扩展。一旦柳树结构建立，欧式期权、美式期权以及其他复杂期权都可以在柳树结构上进行定价，该方法是期权定价运用前景十分广阔的数值计算方法。

本书研究多资产期权定价的高维 PDE 计算方法，以及 WT 方法在非高斯过程驱动下的期权定价算法。这些数值算法是近年来期权定价的最新研究结果，具有较为重要的理论意义和广阔的实践应用前景。

2

巴黎期权快速拉普拉斯变换方法

巴黎期权定价可以由耦合偏微分方程组求解。本章试图提出一种快速拉普拉斯(Laplace)变换方法求解耦合 3d-PDEs，对 Parisian 和 Parasian 两种类型的期权统一进行定价。Laplace 变换方法可以视为有限差分方法的替代，其显著优点在于具有时间指数收敛特征。Laplace 变换方法主要特点如下：三维 PDE 首先被转化为合适形式，然后经过 Laplace 变换转化为耦合常微分方程组(ODEs)，通过解析求解 ODEs，巴黎期权最终由快速 Laplace 逆变换获得。

2.1 巴黎期权偏微分方程

巴黎期权包括 Parisian 和 Parasian 两类，两种类型的主要区别在于标的资产价格穿越临界值的时钟记录方式不同，前者采取累计方式，后者采用重新记录方式。首先给出巴黎期权的偏微分方程模型及其初始条件、边界条件。

Parisian 期权与 Parasian 期权是两种特殊障碍期权，它们各自包括敲入和敲出两类。在 Parisian 期权与 Parasian 期权定价中，系统存在一个特殊时钟 ξ 用于记录标的资产价格是否越过障碍 $\overline{S}$，时钟记录方式决定巴黎期权类型。

本章考虑 Parisian 期权与 Parasian 期权的向上敲出(up-and-out)看涨情形，其他类型可以类似推广。记敲定价格为 K，到期日为 T。在风险中性测度下，假定第 i 只股票的价格 $S_{\tilde{t}}$ 服从经典几何布朗运动

$$dS_{\tilde{t}}=(r-\delta)S_{\tilde{t}}d\tilde{t}+\sigma S_{\tilde{t}}dW_{\tilde{t}}$$

这里 $W_{\tilde{t}}$ 为标准布朗运动，$\tilde{t}$ 为自然时间，$\sigma>0$ 为波动率，$r>0$ 为无风

险利率，$\delta>0$ 为连续分红率，对于 Parisian 期权向上敲出障碍时钟 ξ 表示

$$\begin{cases}\xi=0,\ \mathrm{d}\xi=0,\ S\leqslant\overline{S}\\ \mathrm{d}\xi=\mathrm{d}\tilde{t},\ S>\overline{S}\end{cases}$$

这里 $\overline{S}$ 表示标的资产价格障碍，Parisian 期权依赖于标的资产价格 S、到期日剩余时间 $t(t=T-\tilde{t})$、到期日 T 以及障碍时间 ξ。

令 $x=\log(S/\overline{S})$，$\overline{x}=\log(\overline{S}/\overline{S})=0$，$\overline{T}$ 为激发时间。记 Ω_1 与 Ω_2 为

$$\begin{cases}\Omega_1=[(t,\ x)\mid \overline{T}<t\leqslant T,\ -\infty<x<\overline{x}]\\ \Omega_2=[(t,\ x,\ \xi)\mid \overline{T}-\xi<t\leqslant T,\ 0\leqslant\xi<\overline{T},\ \overline{x}<x<+\infty]\end{cases}$$

图 2-1 为巴黎期权定价定义域，定义域 Ω_1 为方体 $QKEX$，Ω_2 为方体 $KGME\text{-}DLBJ$。对于$(t,\ x)\in\Omega_1$，期权价值 $V_1(t,\ x)$由二维偏微分方程决定，在此情形障碍时间 $\xi=0$。对于情形$(t,\ x,\ \xi)\in\Omega_2$，价值函数 $V_2(t,\ x,\ \xi)$由三维偏微分方程决定。巴黎期权定价的主要困难在于求解三维耦合偏微分方程组(Zhu，2015)。

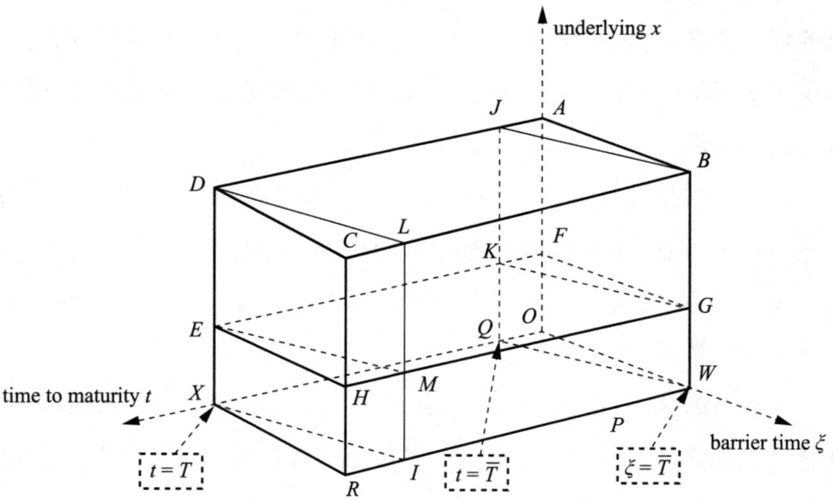

图 2-1 巴黎期权定价定义域

$$
\begin{cases}
\dfrac{\partial V_1}{\partial t}=AV_1, & (t,\ x)\in\Omega_1 \\
V_1(t,\ x)=V_{BS}(t,\ \bar{S}e^x), & 0\leqslant t\leqslant\bar{T},\ -\infty<x<\bar{x} \\
V_1(t,\ \bar{x})=V_2(t,\ \bar{x},\ 0), & \bar{T}<t\leqslant T \\
\lim\limits_{x\uparrow\bar{x}}\dfrac{\partial V_1(t,\ x)}{\partial x}=\lim\limits_{x\downarrow\bar{x}}\dfrac{\partial V_2(t,\ x,\ 0)}{\partial x}, & \bar{T}<t\leqslant T \\
\lim\limits_{x\downarrow-\infty}V_1(t,\ x)=0, & \bar{T}<t\leqslant T
\end{cases}
\tag{2.1}
$$

$$
\begin{cases}
\dfrac{\partial V_2}{\partial t}=\dfrac{\partial V_2}{\partial\xi}+AV_2, & (t,\ x,\ \xi)\in\Omega_2 \\
V_2(\bar{T}-\xi,\ x,\ \xi)=V_{BS}(\bar{T}-\xi,\ \bar{S}e^x), & \xi\in[0,\ \bar{T}),\ \bar{x}<x<+\infty \\
V_2(t,\ \bar{x},\ \xi)=V_2(t,\ \bar{x},\ 0)=V_1(t,\ \bar{x}), & \bar{T}<t\leqslant T,\ 0\leqslant\xi<\bar{T} \\
\lim\limits_{x\downarrow\bar{x}}\dfrac{\partial V_2(t,\ x,\ 0)}{\partial x}=\lim\limits_{x\uparrow\bar{x}}\dfrac{\partial V_1(t,\ x)}{\partial x}, & \bar{T}<t\leqslant T \\
V_2(t,\ x,\ \bar{T})=0, & 0<t\leqslant T,\ \bar{x}<x<+\infty \\
\lim\limits_{x\uparrow+\infty}V_2(t,\ x,\ \xi)=0, & \bar{T}-\xi<t\leqslant T,\ 0\leqslant\xi<\bar{T}
\end{cases}
\tag{2.2}
$$

这里线性微分算子定义为

$$A=\frac{1}{2}\sigma^2\frac{\partial^2}{\partial x^2}+\left(r-\delta-\frac{1}{2}\sigma^2\right)\frac{\partial}{\partial x}-rI$$

I 表示恒同算子，V_{BS}表示欧式看涨期权，它有解析解

$$V_{BS}(t,\ S)=Se^{-\delta t}N[d_+(t,\ S)]-e^{-rt}KN[d_-(t,\ S)]$$

此处

$$d_{\pm}(t,\ S)=\frac{1}{\sigma\sqrt{t}}\left[\log\frac{S}{K}+\left(r-\delta\pm\frac{1}{2}\sigma^2\right)t\right],\ N(y)=\frac{1}{\sqrt{2\pi}}\int_{-\infty}^{y}e^{-\frac{z^2}{2}}dz$$

与连续型 Parisian 期权不同，Parasian 期权没有时钟 ξ 的重置，敲入或者敲出的时钟会被激发，如果累计时间 $\bar{x}$ 超过预先给定时间 $\bar{T}$。依据 Zhu(2015)的做法，Parasian 期权定价区域分成两个区域

$$\begin{cases}(t, x, \xi)\in\tilde{\Omega}_1:=[(t, x, \xi)\mid \overline{T}-\xi<t\leqslant T, -\infty<x<\overline{x}, 0\leqslant\xi<\overline{T}]\\(t, x, \xi)\in\tilde{\Omega}_2:=[(t, x, \xi)\mid \overline{T}-\xi<t\leqslant T, \overline{x}<x<+\infty, 0\leqslant\xi<\overline{T}]\end{cases}$$

如图 2-1 所示，$\tilde{\Omega}_1$ 指向方体 $QWIX-EMGK$，$\tilde{\Omega}_2$ 指向方体 $KGME-DLBJ$，价值函数 $V_1(t, x, \xi)$ 与 $V_2(t, x, \xi)$ 满足方程组(2.3)~(2.4)

$$\begin{cases}\dfrac{\partial V_1}{\partial t}=AV_1, & (t, x, \xi)\in\tilde{\Omega}_1\\ V_1(t, x, \overline{T}-t)=V_{BS}(t, \overline{S}e^x), & 0\leqslant t\leqslant\overline{T}, -\infty<x<\overline{x}\\ V_1(t, \overline{x}, \xi)=V_2(t, \overline{x}, \xi), & \overline{T}<t\leqslant T, 0\leqslant\xi<\overline{T}\\ \lim\limits_{x\uparrow\overline{x}}\dfrac{\partial V_1(t, x, \xi)}{\partial x}=\lim\limits_{x\downarrow\overline{x}}\dfrac{\partial V_2(t, x, \xi)}{\partial x}, & \overline{T}<t\leqslant T, 0\leqslant\xi<\overline{T}\\ V_1(t, x, \overline{T})=0, & \overline{T}<t\leqslant T, -\infty<x<\overline{x}\\ \lim\limits_{x\downarrow-\infty}V_1(t, x, \xi)=0, & \overline{T}<t\leqslant T, 0\leqslant\xi<\overline{T}\end{cases}\tag{2.3}$$

$$\begin{cases}\dfrac{\partial V_2}{\partial t}=\dfrac{\partial V_2}{\partial\xi}+AV_2, & (t, x, \xi)\in\tilde{\Omega}_2\\ V_2(t, x, \overline{T}-t)=V_{BS}(t, \overline{S}e^x), & 0\leqslant t\leqslant\overline{T}, \overline{x}<x<+\infty\\ V_2(t, \overline{x}, \xi)=V_1(t, \overline{x}, \xi), & \overline{T}<t\leqslant T, 0\leqslant\xi<\overline{T}\\ \lim\limits_{x\downarrow\overline{x}}\dfrac{\partial V_2(t, x, \xi)}{\partial x}=\lim\limits_{x\uparrow\overline{x}}\dfrac{\partial V_1(t, x, \xi)}{\partial x}, & \overline{T}<t\leqslant T, 0\leqslant\xi<\overline{T}\\ V_2(t, x, \overline{T})=0, & \overline{T}<t\leqslant T, \overline{x}<x<+\infty\\ \lim\limits_{x\uparrow+\infty}V_2(t, x, \xi)=0, & \overline{T}<t\leqslant T, 0\leqslant\xi<\overline{T}\end{cases}\tag{2.4}$$

一般来说，巴黎期权有三种求解方式：拟解析解方法、蒙特卡洛方法和偏微分方程数值方法。对于拟解析解方法，需要计算四重积分，同时还要考虑求解 PDEs。显示有限差分方法(FDMs)，为了保证计算稳定性，时间离散步长必须取值很小，这样需要花费很多计算时间。对蒙特卡洛方法，标的资产模拟路径一般要求在 20 万条以上，需要花费非常多的计算时间。Zhu 等(2015)提出所谓移动窗口方法(MWM)改善计算效率，但仍然需要花费很多计算时间。可喜的是 MWM 被推广到美式 Parisian 期权。

2.2 Parisian 期权拉普拉斯变换

采用 Laplace 变换，期权偏微分方程时间参数消失得到空间变量的常微分方程(ODE)。求解 ODE 得到解析解，最后运用 Laplace 反变换还原期权价值。

不同于现有文献，首先对三维系统(2.1)~(2.2)使用坐标变换，以期达到简化，令

$$\alpha=\frac{1}{\sigma^2}\left(\frac{\sigma^2}{2}+\delta-r\right),\ \beta=-\frac{1}{2\sigma^2}\left(\frac{\sigma^2}{2}+\delta-r\right)^2-r,\ \eta=\overline{T}-\xi \tag{2.5}$$

这里 η 可以解释为障碍剩余时间，对于 $(t, x)\in\Omega_1$，令 $t=\tau+\overline{T}$，则

$$e^{\alpha x}W_1(\tau, x)=V_1(t, x) \tag{2.6}$$

从而

$$\frac{\partial V_1}{\partial t}=e^{\alpha x}\frac{\partial W_1}{\partial \tau},\ AV_1=A[e^{\alpha x}W_1(\tau, x)] \tag{2.7}$$

对于 $(t, x, \xi)\in\Omega_2$，令 $t=\tau+\overline{T}-\xi$，则

$$e^{\alpha x+\beta\eta}W_2(\tau, x, \eta)=V_2(t, x, \xi) \tag{2.8}$$

从而得到系统

$$\begin{cases}\dfrac{\partial V_2}{\partial t}=e^{\alpha x+\beta\eta}\dfrac{\partial W_2}{\partial \tau},\ AV_2=A[e^{\alpha x+\beta\eta}W_2(\tau, x, \eta)]\\[2ex]\dfrac{\partial V_2}{\partial \xi}=-\beta e^{\alpha x+\beta\eta}W_2(\tau, x, \eta)+e^{\alpha x+\beta\eta}\left(\dfrac{\partial W_2}{\partial \tau}-\dfrac{\partial W_2}{\partial \eta}\right)\end{cases} \tag{2.9}$$

将方程(2.6)~(2.9)代入方程组(2.1)~(2.2)，得到

$$\begin{cases}\dfrac{\partial W_1}{\partial\tau}=\dfrac{1}{2}\sigma^2\dfrac{\partial^2 W_1}{\partial x^2}+\beta W_1, & 0<\tau<+\infty,\ -\infty<x<\bar{x}\\ W_1(0,x)=e^{-\alpha x}V_{BS}(\bar{T},\bar{S}e^x), & -\infty<x<\bar{x}\\ W_1(\tau,\bar{x})=e^{\beta\bar{T}}W_2(\tau,\bar{x},\bar{T}), & 0<\tau<+\infty\\ \lim\limits_{x\uparrow\bar{x}}\dfrac{\partial W_1(\tau,x)}{\partial x}=e^{\beta\bar{T}}\lim\limits_{x\downarrow\bar{x}}\dfrac{\partial W_2(\tau,x,\bar{T})}{\partial x}, & 0<\tau<+\infty\\ \lim\limits_{x\downarrow-\infty}e^{\alpha x}W_1(\tau,x)=0, & 0<\tau<+\infty\end{cases}\tag{2.10}$$

$$\begin{cases}\dfrac{\partial W_2}{\partial\eta}=\dfrac{1}{2}\sigma^2\dfrac{\partial^2 W_2}{\partial x^2}, & 0<\tau<+\infty,\ \bar{x}<x<+\infty,\ 0<\eta\leqslant\bar{T}\\ W_2(0,x,\eta)=e^{-\alpha x-\beta\eta}V_{BS}(\eta,\bar{S}e^x), & \bar{x}<x<+\infty,\ 0<\eta\leqslant\bar{T}\\ W_2(\tau,\bar{x},\eta)=e^{-\beta\eta}W_1(\tau-\bar{T}+\eta,\bar{x}), & 0<\tau<+\infty,\ \bar{x}<x<+\infty\\ \lim\limits_{x\downarrow\bar{x}}\dfrac{\partial W_2(\tau,x,\bar{T})}{\partial x}=e^{-\beta\bar{T}}\lim\limits_{x\uparrow\bar{x}}\dfrac{\partial W_1(\tau,x)}{\partial x}, & 0<\tau<+\infty,\ \bar{x}<x<+\infty\\ \lim\limits_{x\uparrow+\infty}e^{\alpha x+\beta\eta}W_2(\tau,x,\eta)=0, & 0<\tau<+\infty,\ 0<\eta\leqslant\bar{T}\\ e^{\alpha x}W_2(\tau,x,0)=0, & 0<\tau<+\infty,\ \bar{x}<x<+\infty\end{cases}\tag{2.11}$$

需要指出 $e^{\alpha\bar{x}}W_1(\tau-\bar{T}+\eta,\bar{x})=V_1(\tau-\bar{T}+\eta,\bar{x})=V_{BS}(\tau+\eta,\bar{S})$ 是一个补充定义，其定义范围为 $-\bar{T}\leqslant\tau-\bar{T}+\eta<0$，由方程组(2.11)中第三个方程得到

$$\begin{aligned}e^{\alpha\bar{x}+\beta\eta}W_2(\tau,\bar{x},\eta)&=V_2(\tau+\bar{T}-\xi,\bar{x},\xi)=V_2[(\tau-\xi)+\bar{T},\bar{x},0]\\&=e^{\alpha\bar{x}+\beta\eta}W_2(\tau-\xi,\bar{x},\bar{T})=e^{\alpha\bar{x}}W_1(\tau-\xi,\bar{x})=e^{\alpha\bar{x}}W_1(\tau-\bar{T}+\eta,\bar{x})\end{aligned}$$

为了使用 Laplace 变换，介绍两个变换

$$\widehat{W}_1(z,x)=\int_0^{+\infty}e^{-z\tau}W_1(\tau,x)\,d\tau,\quad \widehat{W}_2(z,x,\eta)=\int_0^{+\infty}e^{-z\tau}W_2(\tau,x,\eta)\,d\tau$$

将其作用于偏微分方程组(2.10)~(2.11)，有

$$\begin{cases}(z-\beta)\widehat{W}_1-\dfrac{1}{2}\sigma^2\dfrac{\partial^2\widehat{W}_1}{\partial x^2}=\mathrm{e}^{-\alpha x}V_{BS}(\bar{T},\ \bar{S}\mathrm{e}^x),\ -\infty<x<\bar{x}\\ \widehat{W}_1(z,\ \bar{x})=\mathrm{e}^{\beta\bar{T}}\widehat{W}_2(z,\ \bar{x},\ \bar{T})=:\ \widehat{W}_1^*(z)\\ \lim\limits_{x\downarrow-\infty}\mathrm{e}^{\alpha x}\widehat{W}_1(z,\ x)=0\end{cases}\tag{2.12}$$

$$\begin{cases}\dfrac{\partial\widehat{W}_2}{\partial\eta}-\dfrac{1}{2}\sigma^2\dfrac{\partial^2\widehat{W}_2}{\partial x^2}=0, & \bar{x}<x<+\infty,\ 0<\eta\leqslant\bar{T}\\ \widehat{W}_2(z,\ \bar{x},\ \eta)=f(z,\ \eta)\widehat{W}_1^*(z)+g(z,\ \eta), & 0<\eta\leqslant\bar{T}\\ \lim\limits_{x\uparrow+\infty}\mathrm{e}^{\alpha x+\beta\eta}\widehat{W}_2(z,\ x,\ \eta)=0, & 0<\eta\leqslant\bar{T}\\ \mathrm{e}^{\alpha x}\widehat{W}_2(z,\ x,\ 0)=0, & \bar{x}<x<+\infty\end{cases}\tag{2.13}$$

这里 f 函数和 g 函数分别定义为

$$f(z,\ \eta)=\mathrm{e}^{-\beta\eta-z(\bar{T}-\eta)}$$

$$g(z,\ \eta)=\mathrm{e}^{-\beta\eta-z(\bar{T}-\eta)}\int_\eta^{\bar{T}}\mathrm{e}^{z(\bar{T}-y)}V_{BS}(y,\ \bar{S})\mathrm{d}y$$

由方程组(2.13)中第二个方程

$$\begin{aligned}\widehat{W}_2(z,\ \bar{x},\ \eta)&=\mathrm{e}^{-\beta\eta}\int_0^{+\infty}W_1(\tau-\bar{T}+\eta,\ \bar{x})\mathrm{e}^{-z\tau}\mathrm{d}\tau=\mathrm{e}^{-\beta\eta-z(\bar{T}-\eta)}\int_{-\bar{T}+\eta}^{+\infty}W_1(s,\ \bar{x})\mathrm{e}^{-zs}\mathrm{d}s\\&=\mathrm{e}^{-\beta\eta-z(\bar{T}-\eta)}\int_0^{+\infty}W_1(s,\ \bar{x})\mathrm{e}^{-zs}\mathrm{d}s+\mathrm{e}^{-\beta\eta-z(\bar{T}-\eta)}\int_{-\bar{T}+\eta}^0W_1(s,\ \bar{x})\mathrm{e}^{-zs}\mathrm{d}s\\&=f(z,\ \eta)\widehat{W}_1(z,\ \bar{x})+\mathrm{e}^{-\beta\eta-z(\bar{T}-\eta)}\int_{-\bar{T}+\eta}^0V_{BS}(s+\bar{T},\ \bar{S})\mathrm{e}^{-zs}\mathrm{d}s\\&=f(z,\ \eta)\widehat{W}_1(z,\ \bar{x})+g(z,\ \eta)=f(z,\ \eta)\widehat{W}_1^*(z)+g(z,\ \eta)\end{aligned}$$

另外在障碍 $\bar{x}$ 处

$$\lim_{x\downarrow\bar{x}}\frac{\partial\widehat{W}_2(z,\ x,\ \bar{T})}{\partial x}=\mathrm{e}^{-\beta\bar{T}}\lim_{x\uparrow\bar{x}}\frac{\partial\widehat{W}_1(z,\ x)}{\partial x}\tag{2.14}$$

由耦合定价系统(2.12)、(2.13)、(2.14)，一旦 $\widehat{W}_1^*(z)$ 被求出，

PDEs(2.12)~(2.13)能够被独立求出，从而 $\widehat{W}_1^*(z)$ 是求解 PDE 系统(2.12)~(2.14)的关键步骤。利用常数变异法，给出解析解 $\widehat{W}_1(z, x)$，但要注意满足条件 $\lim\limits_{x\downarrow-\infty} e^{\alpha x}\widehat{W}_1(z, x)=0$，给出定义

$$\varphi(z, x, \eta)=-\frac{2}{\sigma^2}\int_{-\infty}^{x} e^{-2\gamma(z)y}\left[\int_{-\infty}^{y} e^{[\gamma(z)-\alpha]\zeta} V_{BS}(\eta, \bar{S}e^{\zeta})\,d\zeta\right]dy \tag{2.15}$$

$$\psi(z, x, \eta)=\frac{\partial}{\partial x}\varphi(z, x, \eta)=-\frac{2}{\sigma^2}e^{-2\gamma(z)x}\int_{-\infty}^{x} e^{[\gamma(z)-\alpha]\zeta} V_{BS}(\eta, \bar{S}e^{\zeta})\,d\zeta \tag{2.16}$$

这里 $\gamma(z)=\frac{1}{\sigma}\sqrt{2(z-\beta)}$，$\mathrm{Re}[\sqrt{2(z-\beta)}]>0$，$z$ 落入抛物围线 Γ，见定义(2.21)，既然

$$\lim_{x\to-\infty} V_{BS}(\eta, \bar{S}e^{x})=O[N(x)]\text{ as } x\to-\infty$$

不必担心 $\varphi(z, x, \eta)$ 与 $\psi(z, x, \eta)$ 的可积分性质，因为累积分布函数 $N(x)$ 是以高阶形式 $e^{2\gamma(z)x}x\to-\infty$ 收敛于零，这里

$$\gamma(z)=\frac{1}{\sigma}\sqrt{2(z-\beta)},\ \mathrm{Re}[\sqrt{2(z-\beta)}]>0$$

$$C(z, x, \bar{T})=\widehat{W}_1^*(z)+\varphi(z, x, \bar{T})-\varphi(z, \bar{x}, \bar{T}) \tag{2.17}$$

于是

$$\widehat{W}_1(z, x)=C(z, x, \bar{T})e^{\gamma(z)x} \tag{2.18}$$

满足辅助 ODE

$$\begin{cases}(z-\beta)\widehat{W}_1-\frac{1}{2}\sigma^2\frac{\partial^2\widehat{W}_1}{\partial x^2}=e^{-\alpha x}V_{BS}(\bar{T}, \bar{S}e^{x})\\ \widehat{W}_1(z, \bar{x})=\widehat{W}_1^*(z)\\ \lim\limits_{x\downarrow-\infty}\widehat{W}_1(z, x)=0\end{cases} \tag{2.19}$$

另外

$$\left.\frac{\partial \widehat{W}_1(z, x)}{\partial x}\right|_{x=\bar{x}}=\psi(z, \bar{x}, \bar{T})+\gamma(z)\widehat{W}_1^*(z) \tag{2.20}$$

令$\mu>\frac{1}{2}\alpha^2\sigma^2$，同时$z$落入抛物线内，则

$$\Gamma: z(\zeta)=\beta+\mu(\mathrm{i}\zeta+1)^2, \ -\infty<\zeta<+\infty \tag{2.21}$$

引理 2.1 假定$\gamma(z)=\frac{1}{\sigma}\sqrt{2(z-\beta)}$，$\mathrm{Re}\left[\sqrt{2(z-\beta)}\right]>0$，则式(2.18)中$\widehat{W}_1(z, x)=C(z, x, \bar{T})\mathrm{e}^{\gamma(z)x}$满足

$$\lim_{x\to-\infty}\mathrm{e}^{\alpha x}\widehat{W}_1[z(\zeta), x]=0, \ \zeta\in(-\infty, +\infty) \tag{2.22}$$

从而$\widehat{W}_1(z, x)z$在Γ上是ODE(2.12)的解。

证明：假定$\widehat{W}_1(z, x)=\mathrm{e}^{\gamma(z)x}$满足ODE(2.19)，可以得到$\gamma(z)=\pm\frac{1}{\sigma}\sqrt{2(z-\beta)}$，既然$\lim_{x\downarrow-\infty}\widehat{W}_1(z, x)=0$，则有$\gamma(z)=\frac{1}{\sigma}\sqrt{2(z-\beta)}$，$\mathrm{Re}\left[\sqrt{2(z-\beta)}\right]>0$。在此情形的$z$，有$\lim_{x\to-\infty}\mathrm{e}^{\gamma(z)x}=0$。现在寻找非齐次方程ODE(2.19)的解，利用常数变异法，假定ODE(2.19)有形式解

$$\widehat{W}_1(z, x)=C(z, x, \bar{T})\mathrm{e}^{\gamma(z)x} \tag{2.23}$$

将其代入ODE(2.19)得到

$$\frac{\partial^2 C(z, x, \bar{T})}{\partial x^2}+2\gamma(z)\frac{\partial C(z, x, \bar{T})}{\partial x}=-\frac{2}{\sigma^2}\mathrm{e}^{-[\gamma(z)+\alpha]x}V_{BS}(\bar{T}, \bar{S}\mathrm{e}^x)$$

求解上述ODE得到

$$C(z, x, \bar{T})=-\frac{2}{\sigma^2}\int_{-\infty}^{x}\mathrm{e}^{-2\gamma(z)y}\left[\int_{-\infty}^{y}\mathrm{e}^{[\gamma(z)-\alpha]\zeta}V_{BS}(\bar{T}, \bar{S}\mathrm{e}^{\zeta})\mathrm{d}\zeta+\tilde{C}_1(z)\right]\mathrm{d}y+\tilde{C}(z) \tag{2.24}$$

注意到$\int_{-\infty}^{x}\mathrm{e}^{-2\gamma(z)y}\mathrm{d}y$在$-\infty<x\leqslant 0$上不可积分，令$\tilde{C}_1(z)\equiv 0$，如果

$$\widehat{W}_1(z, \bar{x})=C(z, \bar{x}, \bar{T})\mathrm{e}^{\gamma(z)\bar{x}}=\widehat{W}_1^*(z)$$

由式(2.24)容易获得 $\tilde{C}(z)=\hat{W}_1^*(z)-\varphi(z,\bar{x})$，从而

$$C(z,x,\bar{T})=\hat{W}_1^*(z)+\varphi(z,x,\bar{T})-\varphi(z,\bar{x},\bar{T})$$

由表达式 $C(z,x,\bar{T})$ 有

$$\frac{\partial C(z,x,\bar{T})}{\partial x}=\frac{\partial}{\partial x}\varphi(z,x,\bar{T})=\psi(z,x,\bar{T})$$

进一步

$$\left.\frac{\partial \hat{W}_1(z,x)}{\partial x}\right|_{x=\bar{x}}=\psi(z,\bar{x},\bar{T})\mathrm{e}^{\gamma(z)\bar{x}}+\gamma(z)C(z,\bar{x},\bar{T})\mathrm{e}^{\gamma(z)\bar{x}}$$

$$=\psi(z,\bar{x},\bar{T})+\gamma(z)\hat{W}_1^*(z)$$

由 $\gamma(z)$ 的定义，得到

$$\gamma(z)=\frac{1}{\sigma}\sqrt{2[z(\zeta)-\beta]}=\frac{\sqrt{2\mu}}{\sigma}(\mathrm{i}\zeta+1)$$

由此推出

$$\mathrm{Re}[\gamma(z)]+\alpha=\frac{\sqrt{2\mu}}{\sigma}+\alpha>\frac{\sqrt{2}}{\sigma}\frac{|\alpha|\sigma}{\sqrt{2}}+\alpha=|\alpha|+\alpha>0 \qquad (2.25)$$

由于 $\lim\limits_{x\to-\infty}|C(z,x,\bar{T})|=|\hat{W}_1^*(z)-\varphi(z,\bar{x},\bar{T})|<\infty$，$|\mathrm{e}^{\mathrm{Im}[\gamma(z)]xi}|=1$,有

$$\lim_{x\to-\infty}|\mathrm{e}^{\alpha x}\hat{W}_1(z,x)|=\lim_{x\to-\infty}|C(z,x,\bar{T})\mathrm{e}^{\alpha x+\gamma(z)x}|$$

$$=\lim_{x\to-\infty}|C(z,x,\bar{T})|\lim_{x\to-\infty}\mathrm{e}^{\{\alpha+\mathrm{Re}[\gamma(z)]\}x}\lim_{x\to-\infty}|\mathrm{e}^{\mathrm{Im}[\gamma(z)]xi}|$$

$$=|\hat{W}_1^*(z)-\varphi(z,\bar{x},\bar{T})|\lim_{x\to-\infty}\mathrm{e}^{\{\alpha+\mathrm{Re}[\gamma(z)]\}x}=0$$

这是式(2.22)的结果，证毕。

取 $\mu>\frac{1}{2}\alpha^2\sigma^2$ 可以保障 $\lim\limits_{x\to-\infty}\mathrm{e}^{\alpha x}\hat{W}_1(z,x)=0$，令

$$L>\frac{2}{\pi}\alpha^2\sigma^2\tau_1\sqrt{8\Lambda+1}=\frac{2\tau_1}{\pi\sigma^2}\left(\frac{\sigma^2}{2}+\delta-r\right)^2\sqrt{8\Lambda+1} \qquad (2.26)$$

由式(2.26)可知，L 的取值依赖于参数 σ、δ、r、τ_1 以及 Λ。

在实际计算中，上述限制并非太强，因为数量 $\alpha^2\sigma^2$ 一般很小，例如 $r=0.05$，$\tau_1=1$，$\Lambda=3$，$\sigma=0.3$、0.5、0.8 时，$L>0.0028$、0.2250、1.1391 即可。

现在可以计算 PDE(2.13)的解 $\widehat{W}_2(z, x, \eta)$，首先需要处理条件

$$\lim_{x\uparrow+\infty} e^{\alpha x+\beta\eta}\widehat{W}_2(z, x, \eta)=0 \text{ 和 } e^{\alpha x}\widehat{W}_2(z, x, 0)=0$$

为此，分情形 $\alpha\geqslant 0$ 以及 $\alpha<0$ 讨论。

情形 1. $\alpha\geqslant 0$。

此情形不能找到 PDE(2.13)在区间$[\bar{x}, +\infty)$上的精确解。替代地，寻找$[\bar{x}, \overline{X}]$中的解析解，这里 $\overline{X}$ 取充分大正数使得 $\widehat{W}_2(z, \overline{X}, \eta)\approx 0$，从而 PDE(2.13)重写为

$$\begin{cases} \dfrac{\partial \widehat{W}_2}{\partial \eta}-\dfrac{1}{2}\sigma^2\dfrac{\partial^2 \widehat{W}_2}{\partial x^2}=0, & \bar{x}<x<\overline{X},\ 0<\eta\leqslant\overline{T} \\ \widehat{W}_2(z, \bar{x}, \eta)=f(z, \eta)\widehat{W}_1^*(z)+g(z, \eta), & 0<\eta\leqslant\overline{T} \\ \widehat{W}_2(z, \overline{X}, \eta)=0, & 0<\eta\leqslant\overline{T} \\ \widehat{W}_2(z, x, 0)=0, & \bar{x}<x<\overline{X} \end{cases} \tag{2.27}$$

为了求解 PDE(2.27)，定义函数 $\overline{W}_2(z, x, \eta)$，令

$$\overline{W}_2(z, x, \eta)=\widehat{W}_2(z, x, \eta)+F(z, x, \eta)$$

$$F(z, x, \eta)=-\left(1-\frac{x}{\overline{X}}\right)[f(z, \eta)W_1^*(z)+g(z, \eta)]$$

于是得到

$$\begin{cases}\dfrac{\partial \overline{W}_2}{\partial \eta}-\dfrac{1}{2}\sigma^2\dfrac{\partial^2\overline{W}_2}{\partial x^2}=\dfrac{\partial F}{\partial \eta}\\ \overline{W}_2(z,\ \bar{x},\ \eta)=0\\ \overline{W}_2(z,\ \overline{X},\ \eta)=0\\ \overline{W}_2(z,\ x,\ 0)=F(z,\ x,\ 0)\end{cases} \tag{2.28}$$

PDE(2.28)能够运用变量分离方法求出 $\widehat{W}_2(z,\ x,\ \eta)$为

$$\widehat{W}_2(z,\ x,\ \eta)=G^f(z,\ x,\ \eta)\ \widehat{W}_1^*(z)+G^g(z,\ x,\ \eta) \tag{2.29}$$

$$\left.\frac{\partial\ \widehat{W}_2(z,\ x,\ \overline{T})}{\partial x}\right|_{x=\bar{x}}=A^f(z,\ \overline{T})\ \widehat{W}_1^*(z)+A^g(z,\ \overline{T}) \tag{2.30}$$

这里

$$G^\phi(z,\ x,\ \eta)=-\frac{2}{\pi}\phi(z,\ 0)\rho(x,\ \eta;\ 0)-\frac{2}{\pi}\int_0^\eta\rho(x,\ \eta-\zeta;\ 0)\frac{\partial\phi(z,\ \zeta)}{\partial\zeta}\mathrm{d}\zeta+\left(1-\frac{x}{\overline{X}}\right)\varphi(z,\ \eta) \tag{2.31}$$

$$A^\phi(z,\ \eta)=-\frac{2}{\overline{X}}\phi(z,\ 0)\theta(\eta;\ 0)-\frac{2}{\overline{X}}\int_0^\eta\theta(\eta-\zeta;\ 0)\frac{\partial\phi(z,\ \zeta)}{\partial\zeta}\mathrm{d}\zeta-\frac{1}{\overline{X}}\varphi(z,\ \eta) \tag{2.32}$$

其中$\rho(x,\ \eta;\ m)$与$\theta(\eta;\ m)$可以表示为级数

$$\rho(x,\ \eta;\ m)=\sum_{n=1}^{\infty}\left(\frac{1}{q^m n^{m+1}}\mathrm{e}^{-q^2n^2\eta}\sin\frac{n\pi}{\overline{X}}x\right),\ m=0,\ 1,\ 2 \tag{2.33}$$

$$\theta(\eta;\ m)=\sum_{n=1}^{\infty}\left(\frac{1}{q^m n^m}\mathrm{e}^{-q^2n^2\eta}\right),\ m=0,\ 1,\ 2 \tag{2.34}$$

此处 $q=\dfrac{\pi\sigma}{\sqrt{2}\overline{X}}$，式(2.31)、(2.32)中 $\phi=f$ 或者 g 表示为级数形式(2.33)~(2.34)，收敛性结果如下。

引理 2.2 对任意复数 z 与实数 $0<\eta\leqslant\overline{T}$，$G^f(z,\eta)$、$G^g(z,\eta)$、$A^f(z,\eta)$、$A^g(z,\eta)$ 是收敛的，这里 $\bar{x}<x<\overline{X}$。

证明：由记号 G^ϕ、A^ϕ，可以证明 $\rho(x,\eta;m)$、$\theta(\eta;m)$ 是关于 η 收敛的。事实上

$$|\rho(x,\eta;m)|\leqslant\sum_{n=1}^{+\infty}\left|\frac{1}{q^m n^{m+1}}e^{-q^2n^2\eta}\sin\frac{n\pi}{\overline{X}}x\right|$$

$$\leqslant\begin{cases}\sum\limits_{n=1}^{+\infty}e^{-q^2n^2\eta}<\dfrac{e^{-q^2\eta}}{1-e^{-q^2\eta}}<+\infty, & m=0\\ \dfrac{1}{q^2}\sum\limits_{n=1}^{+\infty}\dfrac{1}{n^2}=\dfrac{\pi^2}{6q^2}, & m=2\end{cases}$$

$$\int_0^\eta|\rho(x,\eta-\zeta;0)|\,d\zeta\leqslant\sum_{n=1}^{+\infty}\frac{1}{n}\int_0^\eta e^{-q^2n^2(\eta-\zeta)}d\zeta\leqslant\frac{\pi^2}{6q^2}$$

这里 $x\in(\bar{x},X)$，$\eta\in(0,\overline{T}]$，类似可以证明 $\theta(\eta;m)$ 的收敛性

$$|\theta(\eta;m)|\leqslant\begin{cases}\dfrac{e^{-q^2\eta}}{1-e^{-q^2\eta}}, & m=0\\ \dfrac{\pi^2}{6q^2}, & m=2\end{cases}$$

$$\int_0^\eta|\theta(\zeta;0)|\,d\zeta\leqslant\frac{\pi^2}{6q^2}$$

对一切 $x\in(\bar{x},X)$，$\eta\in(0,\overline{T}]$ 成立。

情形 2. $\alpha<0$。

PDE(2.13)等价于

$$\begin{cases}\dfrac{\partial\widehat{W}_2}{\partial\eta}-\dfrac{1}{2}\sigma^2\dfrac{\partial^2\widehat{W}_2}{\partial x^2}=0, & \bar{x}<x<+\infty,\ 0<\eta\leqslant\overline{T}\\ \widehat{W}_2(z,\bar{x},\eta)=f(z,\eta)\widehat{W}_1^*(z)+g(z,\eta), & 0<\eta\leqslant\overline{T}\\ \widehat{W}_2(z,x,0)=0, & \bar{x}<x<+\infty\end{cases}$$

(2.35)

PDE(2.35)的解由 Green's 公式表示为

$$\widehat{W}_2(z, x, \eta)=\widetilde{G}^f(z, x, \eta)\widehat{W}_1^*(z)+\widetilde{G}^g(z, x, \eta) \quad (2.36)$$

这里

$$\widetilde{G}^{\phi}(z, x, \eta)=\phi(z, \eta)-\phi(z, 0)\int_{\bar{x}}^{+\infty}\widetilde{G}(x, \eta; \zeta, 0)\mathrm{d}\zeta-\int_0^{\eta}\frac{\partial\phi(z, y)}{\partial y}\left[\int_{\bar{x}}^{+\infty}\widetilde{G}(x, \eta; \zeta, y)\mathrm{d}\zeta\right]\mathrm{d}y \quad (2.37)$$

这里 $\phi=f$ 或者

$$\widetilde{G}(x, \eta; \zeta, y)=\Gamma(x, \eta; \zeta, y)-\Gamma(x, \eta; -\zeta, y) \quad (2.38)$$

$$\Gamma(x, \eta; \zeta, y)=\begin{cases}\dfrac{1}{\sigma\sqrt{2\pi(\eta-y)}}\mathrm{e}^{-(x-\zeta)^2/[2\sigma^2(\eta-y)]}, & \eta>y\\ 0, & \eta\leqslant y\end{cases} \quad (2.39)$$

在 Laplace 空间内，有下列结论。

定理 2.1 假定 $\alpha\geqslant 0$，$\mu>\frac{1}{2}\alpha^2\sigma^2$，$z$ 落入抛物线 Γ。令 $\gamma(z)=\frac{1}{\sigma}\sqrt{2(z-\beta)}$，$\mathrm{Re}[\sqrt{2(z-\beta)}]>0$。假定 $\widehat{W}_1(z, x)$ 与 $\widehat{W}_2(z, x, \eta)$ 是耦合 PDE 系统(2.12)~(2.13)的解，从而 $\widehat{W}_1(z, \bar{x})=\widehat{W}_1^*(z)$ 有解析公式

$$\widehat{W}_1^*(z)=\frac{\psi(z, \bar{x}, \overline{T})-\mathrm{e}^{\beta\overline{T}}A^g(z, \overline{T})}{\mathrm{e}^{\beta\overline{T}}A^f(z, \overline{T})-\gamma(z)} \quad (2.40)$$

这里 A^f 与 A^g 由式(2.32)定义，进一步 $\widehat{W}_1(z, x)$ 有表达式

$$\widehat{W}_1(z, x)=C(z, x, \overline{T})\mathrm{e}^{\gamma(z)x}, \quad C(z, x, \overline{T})=\widehat{W}^*(z)+\varphi(z, x, \overline{T})-\varphi(z, \bar{x}, \overline{T})$$

$\widehat{W}_2(z, x, \eta)$ 由式(2.29)计算，即

$$\widehat{W}_2(z, x, \eta)=G^f(z, x, \eta)\widehat{W}_1^*(z)+G^g(z, x, \eta) \quad (2.41)$$

G^f 与 G^g 被定义为式(2.31)。

证明： 由光滑链接条件$\frac{\partial}{\partial x}\widehat{W}_1(z,\ \bar{x})=e^{\beta\bar{T}}\frac{\partial}{\partial x}\widehat{W}_2(z,\ \bar{x},\ \bar{T})$，见式(2.14)、(2.20)及(2.30)，有

$$\psi(z,\ \bar{x},\ \bar{T})+\gamma(z)\widehat{W}_1^*(z)=e^{\beta\bar{T}}[A^f(z,\ \bar{T})\widehat{W}_1^*(z)+A^g(z,\ \bar{T})]$$

由此得到式(2.41)。

注 2.1　关于 $\alpha<0$ 的情形，只需要做替代

$$G^f(z,\ x,\ \eta)=\widetilde{G}^f(z,\ x,\ \eta),\ G^g(z,\ x,\ \eta)=\widetilde{G}^g(z,\ x,\ \eta)$$

$$A^f(z,\ \eta)=\left.\frac{\partial\widetilde{G}^f(z,\ x,\ \eta)}{\partial x}\right|_{x=\bar{x}},\ A^g(z,\ \eta)=\left.\frac{\partial\widetilde{G}^g(z,\ x,\ \eta)}{\partial x}\right|_{x=\bar{x}}$$

在定理 2.1 中，既然 $\widehat{W}_2(z,\ x,\ \eta)$ 能够由 Green's 公式(2.36)计算，函数 $\widetilde{G}^f(z,\ x,\ \eta)$ 与 $\widetilde{G}^g(z,\ x,\ \eta)$ 被定义为式(2.37)。现在讨论 Laplace 逆变换，Laplace 逆变换建立在 Bromwich 复围线积分基础之上

$$W(\tau;\ x,\ \xi)=\frac{1}{2\pi i}\int_{s-i\infty}^{s+i\infty}e^{z\tau}\widehat{W}(z;\ x,\ \xi)dz,\ s>s_0 \tag{2.42}$$

这里 $i^2=-1$，$\widehat{W}(z;\ x,\ \xi)$ 为 Parisian 期权或者 Parasian 期权在Laplace时间域 $z\in C$ 上的解。所有 $\widehat{W}(z;\ x,\ \xi)$ 的奇异值落在开域之上 $\mathrm{Re}(z)<s$。既然指数衰减因子高阶振荡，$z=s+iy$，$\widehat{W}(z;\ x,\ \eta)$ 衰减较慢，当 $|y|\to\infty$ 时，积分表达式(2.42)并不适合。

Talbot 建议使用围线积分，使之开始并结束于左半圆 $\mathrm{Re}(z)\to-\infty$。Talbot 的原始曲线为 cotangen 形状，难以理论分析，并且较为复杂。近年来，两种简单类型曲线引起关注，即抛物线法与双曲线法。对于 Parisian 期权和 Parasian 期权定价，抛物线法是合适的，利用该法可以计算 ODE(2.12)的解(见引理 2.2)。在围线积分之上，式(2.42)变为

$$W(\tau;\ x,\ \xi)=\frac{1}{2\pi i}\int_{-\infty}^{+\infty}e^{z(\zeta)\tau}\widehat{W}[z(\zeta);\ x,\ \xi]z'(\zeta)d\zeta \tag{2.43}$$

分析如何选取参数μ使得积分公式(2.43)指数收敛$\mathrm{Re}(z)\to-\infty$。积分公式(2.43)可以通过梯形积分公式予以计算。令网格h一致，从而$W_{h,L}(\tau;\ x,\ \xi)\approx W(\tau;\ x,\ \xi)$，这里

$$W_{h,\ L}(\tau;\ x,\ \xi)=\frac{h}{2\pi\mathrm{i}}\sum_{k=-L}^{L}\mathrm{e}^{z(\zeta_k)\tau}\ \widehat{W}[z(\zeta_k);\ x,\ \xi]z'(\zeta_k),\ \zeta_k=kh \tag{2.44}$$

数量

$$\mathrm{DE}\equiv\|W(\tau;\ x,\ \xi)-W_{h,L}(\tau;\ x,\ \xi)\|_{\infty}$$

一般指离散误差，而$\mathrm{TE}\equiv\|W_{h,L=\infty}(\tau;\ x,\ \xi)-W_{h,L}(\tau;\ x,\ \xi)\|_{\infty}$代表截断误差。通过匹配离散误差(DE)和截断误差(TE)，合适参数h和μ可以确定，在积分区间$\tau_0<\tau<\tau_1$内，参数h和μ选取如下

$$h=\frac{1}{L}\sqrt{8\Lambda+1},\ \mu=\frac{\pi}{4\sqrt{8\Lambda+1}}\ \frac{L}{\tau_1},\ \Lambda=\frac{\tau_1}{\tau_0} \tag{2.45}$$

在此情况下，误差收敛公式为

$$E_L=O[\mathrm{e}^{-(2\pi/\sqrt{8\Lambda+1})L}],\ L\to\infty \tag{2.46}$$

在 Parisian-Parasian 期权定价中，式(2.45)中的L应该满足式(2.26)条件。

得到解析解$\widehat{W}_1(z,\ x)$与$\widehat{W}_2(z,\ x,\ \eta)$之后，原始期权可以由式(2.44)恢复。$\widehat{W}_1(z,\ x)$与$\widehat{W}_2(z,\ x,\ \eta)$在抛物线$\Gamma$上解析，并且在$x=-\infty$以及$x=\overline{X}$上等于零，在$z\in\Gamma$时有界。数值实验表明$|\widehat{W}_1^*(z)|$、$|\widehat{W}_1(z,\ x)|$以及$|\widehat{W}_2(z,\ x,\ \eta)|$关于$z$一致有界。图 2-2 画出了巴黎期权的轨迹。从图 2-2 中可以看出，巴黎期权在 Laplace 时间域内趋于零。当$\mathrm{Re}(z)$趋向$-\infty$时，$\widehat{W}_1(z,\ x)$和$\widehat{W}_2(z,\ x,\ \eta)$的一致有界性保证积分(2.43)是指数收敛的，从而 Laplace 逆变换式(2.44)关于参数L具有指数收敛阶。

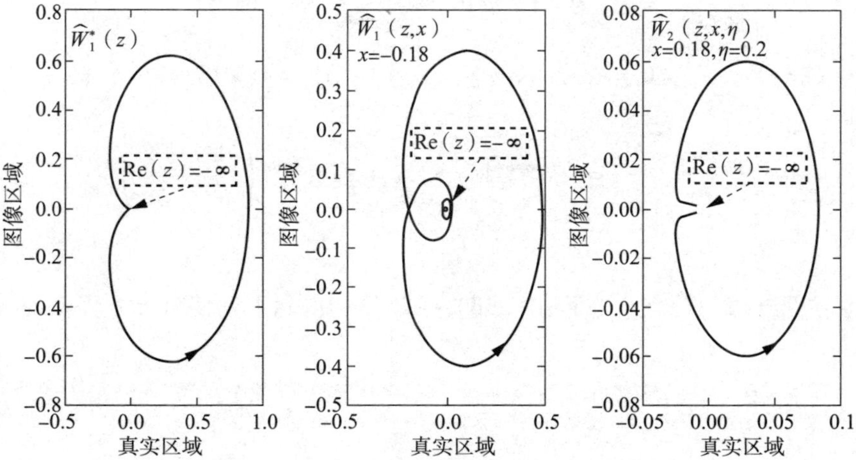

图 2-2 在 Laplace 时间域上，巴黎期权解的弹道曲线

算法 2.1 利用 LTM 方法求解巴黎期权。

步骤 1. 利用式(2.41)计算 $\widehat{W}_1^*(z)$。

步骤 2. 如果 $x<\bar{x}$，对于任意 z 落入抛物线 Γ 上，按照式(2.41)计算 $\widehat{W}_1(z, x)=C(z, x, \overline{T})e^{\gamma(z)x}$。

步骤 3. 如果 $x>\bar{x}$，对于任意 z 落入抛物线 Γ 上，按照式(2.42)计算 $\widehat{W}_2(z, x, \eta)$。

步骤 4. 利用 Laplace 逆变换式(2.43)~(2.44)计算 $W_1(z, x)$、$W_2(z, x, \eta)$。

步骤 5. 输出原始期权 $V_1(t, x)=e^{\alpha x}W_1(t, x)$，$V_2(t, x, \eta)=e^{\alpha x+\beta\eta}W_2(\tau, x, \eta)$，这里时间变换 $t=\tau+\overline{T}-\xi$，$\eta=\overline{T}-\xi$。

2.3 Parasian 期权拉普拉斯变换

令 $t=\tau+\overline{T}-\xi$，$e^{\alpha x}W_1(\tau, x, \eta)=V_1(t, x, \xi)$，$e^{\alpha x+\beta\eta}W_2(\tau, x, \eta)=$

$V_2(t, x, \xi)$，这里 α、β 和 η 被定义为式(2.5)，从而

$$
\begin{cases}
\dfrac{\partial V_1}{\partial t}=e^{\alpha x}\dfrac{\partial W_1}{\partial \tau},\ AV_1=A\left[e^{\alpha x}W_1(\tau, x, \eta)\right],\ AV_2=A\left[e^{\alpha x+\beta\eta}W_2(\tau, x, \eta)\right] \\
\dfrac{\partial V_2}{\partial t}=e^{\alpha x+\beta\eta}\dfrac{\partial W_2}{\partial \tau},\ \dfrac{\partial V_2}{\partial \xi}=-\beta e^{\alpha x+\beta\eta}W_2(\tau, x, \eta)+e^{\alpha x+\beta\eta}\left(\dfrac{\partial W_2}{\partial \tau}-\dfrac{\partial W_2}{\partial \eta}\right)
\end{cases}
\tag{2.47}
$$

将方程组(2.47)代入方程组(2.3)~(2.4)，得到下列偏微分方程系统

$$
\begin{cases}
\dfrac{\partial W_1}{\partial \tau}=\dfrac{1}{2}\sigma^2\dfrac{\partial^2 W_1}{\partial x^2}+\beta W_1, & 0<\tau<+\infty,\ -\infty<x<\bar{x},\ 0<\eta\leqslant\bar{T} \\
W_1(0, x, \eta)=e^{-\alpha x}V_{BS}(\eta, \bar{S}e^x), & -\infty<x<\bar{x},\ 0<\eta\leqslant\bar{T} \\
W_1(\tau, \bar{x}, \eta)=e^{\beta\eta}W_2(\tau, \bar{x}, \eta), & 0<\tau<+\infty,\ 0<\eta\leqslant\bar{T} \\
\lim\limits_{x\uparrow\bar{x}}\dfrac{\partial W_1(\tau, x, \eta)}{\partial x}=e^{\beta\eta}\lim\limits_{x\downarrow\bar{x}}\dfrac{\partial W_2(\tau, x, \eta)}{\partial x}, & 0<\tau<+\infty,\ 0<\eta\leqslant\bar{T} \\
\lim\limits_{x\downarrow-\infty}e^{\alpha x}W_1(\tau, x, \eta)=0, & 0<\tau<+\infty,\ 0<\eta\leqslant\bar{T} \\
e^{\alpha x}W_1(\tau, x, 0)=0, & 0<\tau<+\infty,\ -\infty<x<\bar{x}
\end{cases}
\tag{2.48}
$$

$$
\begin{cases}
\dfrac{\partial W_2}{\partial \eta}=\dfrac{1}{2}\sigma^2\dfrac{\partial^2 W_2}{\partial x^2}, & 0<\tau<+\infty,\ \bar{x}<x<+\infty,\ 0<\eta\leqslant\bar{T} \\
W_2(0, x, \eta)=e^{-\alpha x-\beta\eta}V_{BS}(\eta, \bar{S}e^x), & \bar{x}<x<+\infty,\ 0<\eta\leqslant\bar{T} \\
W_2(\tau, \bar{x}, \eta)=e^{-\beta\eta}W_1(\tau, \bar{x}, \eta), & 0<\tau<+\infty,\ 0<\eta\leqslant\bar{T} \\
\lim\limits_{x\downarrow\bar{x}}\dfrac{\partial W_2(\tau, x, \eta)}{\partial x}=e^{-\beta\eta}\lim\limits_{x\uparrow\bar{x}}\dfrac{\partial W_1(\tau, x, \eta)}{\partial x}, & 0<\tau<+\infty,\ 0<\eta\leqslant\bar{T} \\
\lim\limits_{x\uparrow+\infty}e^{\alpha x+\beta\eta}W_2(\tau, x, \eta)=0, & 0<\tau<+\infty,\ 0<\eta\leqslant\bar{T} \\
e^{\alpha x}W_2(\tau, x, 0)=0, & 0<\tau<+\infty,\ \bar{x}<x<+\infty
\end{cases}
\tag{2.49}
$$

对方程组(2.48)~(2.49)做 Laplace 变换有

$$\begin{cases} (z-\beta)\widehat{W}_1-\dfrac{1}{2}\sigma^2\dfrac{\partial^2\widehat{W}_1}{\partial x^2}=\mathrm{e}^{-\alpha x}V_{BS}(\eta,\ \bar{S}\mathrm{e}^x), & -\infty<x<\bar{x},\ 0<\eta\leqslant\bar{T} \\ \widehat{W}_1(z,\ \bar{x},\ \eta)=\mathrm{e}^{\beta\eta}\widehat{W}_2(z,\ \bar{x},\ \eta), & 0<\eta\leqslant\bar{T} \\ \lim\limits_{x\downarrow-\infty}\mathrm{e}^{\alpha x}\widehat{W}_1(z,\ x,\ \eta)=0, & 0<\eta\leqslant\bar{T} \end{cases} \tag{2.50}$$

$$\begin{cases} \dfrac{\partial\widehat{W}_2}{\partial\eta}-\dfrac{1}{2}\sigma^2\dfrac{\partial^2\widehat{W}_2}{\partial x^2}=0, & \bar{x}<x<+\infty,\ 0<\eta\leqslant\bar{T} \\ \widehat{W}_2(z,\ \bar{x},\ \eta)=\mathrm{e}^{-\beta\eta}\widehat{W}_1(z,\ \bar{x},\ \eta), & 0<\eta\leqslant\bar{T} \\ \lim\limits_{x\to+\infty}\mathrm{e}^{\alpha x+\beta\eta}\widehat{W}_2(z,\ x,\ \eta)=0, & 0<\eta\leqslant\bar{T} \\ \mathrm{e}^{\alpha x}\widehat{W}_2(z,\ x,\ 0)=0, & \bar{x}<x<+\infty \end{cases} \tag{2.51}$$

另外 $\bar{x}$ 处光滑链接条件

$$\lim_{x\downarrow\bar{x}}\frac{\partial\widehat{W}_2(z,\ x,\ \eta)}{\partial x}=\mathrm{e}^{-\beta\eta}\lim_{x\uparrow\bar{x}}\frac{\partial\widehat{W}_1(z,\ x,\ \eta)}{\partial x},\quad 0<\eta\leqslant\bar{T}$$

如果将 $\widehat{W}_1(z,\ \bar{x},\ \eta)=\widehat{W}_1^*(z,\ \eta)$ 看成已知，PDE 系统(2.50)~(2.51)有解析表达式，引理 2.3 给出形式解 $\widehat{W}_1(z,\ x,\ \eta)$。

引理 2.3 令 $\gamma(z)=\dfrac{1}{\sigma}\sqrt{2(z-\beta)}$，$\mathrm{Re}\left[\sqrt{2(z-\beta)}\right]>0$，假定 z 落入抛物线(2.21)。假定 $\mu>\dfrac{1}{2}\alpha^2\sigma^2$，$\widehat{W}_1(z,\ \bar{x},\ \eta)=\widehat{W}_1^*(z,\ \eta)$可以算出。于是，ODE(2.50)解析解 $\widehat{W}_1(z,\ x,\ \eta)=C(z,\ x,\ \eta)\mathrm{e}^{\gamma(z)x}$，这里

$$C(z,\ x,\ \eta)=\widehat{W}_1^*(z,\ \eta)+\varphi(z,\ x,\ \eta)-\varphi(z,\ \bar{x},\ \eta)$$

$\varphi(z,\ x,\ \eta)$由式(2.15)定义，进一步地

$$\left.\frac{\partial\widehat{W}_1(z,\ x,\ \eta)}{\partial x}\right|_{x=\bar{x}}=\psi(z,\ \bar{x},\ \eta)+\gamma(z)\widehat{W}_1^*(z,\ \eta) \tag{2.52}$$

这里 $\psi(z, \bar{x}, \eta)$ 由式(2.16)定义。

证明： 证明过程类似引理 2.1，分两种情况说明解析解(2.51)。

情形 1. $\alpha<0$。

在此情形，解析解(2.51)等价于

$$\begin{cases}\dfrac{\partial \widehat{W}_2}{\partial \eta}-\dfrac{1}{2}\sigma^2\dfrac{\partial^2 \widehat{W}_2}{\partial x^2}=0, & \bar{x}<x<+\infty,\ 0<\eta\leqslant\bar{T}\\ \widehat{W}_2(z, \bar{x}, \eta)=\mathrm{e}^{-\beta\eta}\widehat{W}_1^*(z, \eta), & 0<\eta\leqslant\bar{T}\\ \widehat{W}_2(z, x, 0)=0, & \bar{x}<x<+\infty\end{cases} \tag{2.53}$$

PDE(2.53)的解可以由格林函数(Green Function)给出，即

$$\widehat{W}_2(z, x, \eta)=\mathrm{e}^{-\beta\eta}\widehat{W}_1^*(z, \eta)-\int_0^{\eta}\left\{\frac{\partial\left[\mathrm{e}^{-\beta y}\widehat{W}_1^*(z, y)\right]}{\partial y}\int_{\bar{x}}^{\infty}\tilde{G}(x, \eta; \zeta, y)\mathrm{d}\zeta\right\}\mathrm{d}y \tag{2.54}$$

这里 $\tilde{G}(x, \eta; \zeta, y)$ 被定义为式(2.38)，现在计算 $\widehat{W}_1^*$，为此首先计算

$$\int_{\bar{x}}^{+\infty}\frac{\partial \tilde{G}(x, \eta; \zeta, y)}{\partial x}\bigg|_{x=\bar{x}}\mathrm{d}\zeta=-\frac{1}{\sigma\sqrt{2\pi(\eta-y)}}$$

于是

$$\frac{\partial \widehat{W}_2(z, x, \eta)}{\partial x}\bigg|_{x=\bar{x}}=\int_0^{\eta}\frac{\partial\left[\mathrm{e}^{-\beta\tau}\widehat{W}_1^*(z, y)\right]}{\partial y}\frac{1}{\sigma\sqrt{2\pi(\eta-y)}}\mathrm{d}y \tag{2.55}$$

结合式(2.52)和(2.55)，得到积分—微分方程(记作 IDE-Ⅰ)

$$\gamma(z)\widehat{W}_1^*(z, \eta)=\int_0^{\eta}\frac{\partial\left[\mathrm{e}^{-\beta y}\widehat{W}_1^*(z, y)\right]}{\partial y}\frac{1}{\sigma\sqrt{2\pi(\eta-y)}}\mathrm{d}y-\psi(z, \bar{x}, \eta) \tag{2.56}$$

IDE-Ⅰ能够使用有限差分方法计算，得到数值解 $\widehat{W}_1^*(z,\ \eta)$后可以计算 $\widehat{W}_1(z,\ x,\ \eta)$与 $\widehat{W}_2(z,\ x,\ \eta)$。

情形 2. $\alpha\geqslant 0$。

类似于方程组(2.27)，找到方程组(2.51)的解如下，对较大正数 $\overline{X}$，方程组(2.51)的逼近解为

$$\widehat{W}_2(z,\ x,\ \eta)=\overline{W}_2(z,\ x,\ \eta)-\overline{F}(z,\ x,\ \eta)$$

这里 $\overline{W}_2(z,\ x,\ \eta)$是方程组

$$\begin{cases}\dfrac{\partial\overline{W}_2(z,\ x,\ \eta)}{\partial\eta}-\dfrac{1}{2}\sigma^2\dfrac{\partial^2\overline{W}_2(z,\ x,\ \eta)}{\partial x^2}=\dfrac{\partial\overline{F}}{\partial\eta}\\ \overline{W}_2(z,\ \bar{x},\ \eta)=0\\ \overline{W}_2(z,\ \overline{X},\ \eta)=0\\ \overline{W}_2(z,\ x,\ 0)=\overline{F}(z,\ x,\ 0)\end{cases}\tag{2.57}$$

的解，

$$\overline{F}(z,\ x,\ \eta)=-\left(1-\frac{x}{\overline{X}}\right)\mathrm{e}^{-\beta\eta}\,\widehat{W}_1^*(z,\ \eta)$$

求解方程组(2.57)由标准傅立叶展开给出，从而

$$\widehat{W}_2(z,\ x,\ \eta)=-\frac{2}{\pi}\int_0^\eta\frac{\partial}{\partial\zeta}[\mathrm{e}^{-\beta\zeta}\,\widehat{W}_1^*(z,\ \zeta)]\,\rho(x,\ \eta-\zeta;\ 0)\mathrm{d}\zeta+\left(1-\frac{x}{\overline{X}}\right)\mathrm{e}^{-\beta\eta}\,\widehat{W}_1^*(z,\ \eta)$$

这里 $\rho(x,\ \eta;\ 0)$由式(2.33)给定

$$\left.\frac{\widehat{W}_2(z,\ x,\ \eta)}{\partial x}\right|_{x=\bar{x}}=-\frac{2}{\overline{X}}\int_0^\eta\left\{\frac{\partial}{\partial\zeta}[\mathrm{e}^{-\beta\zeta}\,\widehat{W}_1^*(z,\ \zeta)]\sum_{n=1}^\infty\mathrm{e}^{-q^2n^2(\eta-\zeta)}\right\}\mathrm{d}\zeta-\frac{1}{\overline{X}}\mathrm{e}^{-\beta\eta}\,\widehat{W}_1^*(z,\ \eta)\tag{2.58}$$

使用连续链接条件(2.51)得到

$$\left.\frac{\widehat{W}_2(z,\ x,\ \eta)}{\partial x}\right|_{x=\bar{x}} = \mathrm{e}^{-\beta\eta}\left.\frac{\partial \widehat{W}_1(z,\ x,\ \eta)}{\partial x}\right|_{x=\bar{x}}$$

$$= \mathrm{e}^{-\beta\eta}[\psi(z,\ \bar{x},\ \eta)+\gamma(z)\widehat{W}_1(z,\ \bar{x},\ \eta)]$$

$$= \mathrm{e}^{-\beta\eta}[\gamma(z)\widehat{W}_1^*(z,\ \eta)+\psi(z,\ \bar{x},\ \eta)] \tag{2.59}$$

结合式(2.58)、(2.59)的1维积分—微分方程(记作IDE-Ⅱ)

$$\left[\gamma(z)+\frac{1}{\bar{X}}\right]\mathrm{e}^{-\beta\eta}\widehat{W}_1^*(z,\ \eta) = -\frac{2}{\bar{X}}\int_0^\eta\left\{\frac{\partial}{\partial\zeta}[\mathrm{e}^{-\beta\zeta}\widehat{W}_1^*(z,\ \zeta)]\,\theta(\eta-\zeta;\ 0)\right\}\mathrm{d}\zeta - \psi(z,\ \bar{x},\ \eta)\mathrm{e}^{-\beta\eta} \tag{2.60}$$

这里 $\gamma(z)=\dfrac{1}{\sigma}\sqrt{2(z-\beta)}$, $q=\dfrac{\pi\sigma}{\sqrt{2}\bar{X}}$, $\theta(\eta;\ 0)=\sum_{n=1}^{\infty}\mathrm{e}^{-q^2n^2\eta}$

由PDE系统(2.50)~(2.51)的解总结如下。

定理2.2 假定 $\mu>\dfrac{1}{2}\alpha^2\sigma^2$, z 落在抛物围线上

$$\Gamma:\ z(\zeta)=\beta+\mu(\mathrm{i}\zeta+1)^2,\ -\infty<\zeta<+\infty$$

令 $\gamma(z)=\dfrac{1}{\sigma}\sqrt{2(z-\beta)}$, $\mathrm{Re}[\sqrt{2(z-\beta)}]>0$, $\widehat{W}_1(z,\ x,\ \eta)$、$\widehat{W}_2(z,\ x,\ \eta)$ 为PDE系统(2.50)~(2.51)的解,则 $\widehat{W}_2^*(z,\ \eta)$ 分别满足IDE-Ⅰ(2.56)对 $\alpha<0$,满足IDE-Ⅱ(2.60)对 $\alpha\geqslant 0$。

$\widehat{W}_1(z,\ x,\ \eta)$ 可以表示为 $\widehat{W}_1(z,\ x,\ \eta)=C(z,\ x,\ \eta)\mathrm{e}^{\gamma(z)x}$,其中

$$C(z,\ x,\ \eta)=\widehat{W}_1^*(z,\ \eta)+\varphi(z,\ x,\ \eta)-\varphi(z,\ \bar{x},\ \eta) \tag{2.61}$$

其中 $\varphi(z,\ x,\ \eta)$ 由式(2.15)定义。

对于 $\alpha<0$, $\widehat{W}_2(z,\ x,\ \eta)$ 由Green's公式(2.54)给出,对于 $\alpha\geqslant 0$

$$\widehat{W}_2(z,\ x,\ \eta) = -\frac{2}{\pi}\int_0^\eta\frac{\partial}{\partial\zeta}[\mathrm{e}^{-\beta\zeta}\widehat{W}_1^*(z,\ \zeta)]\,\rho(x,\ \eta-\zeta;\ 0)\mathrm{d}\zeta +$$

$$\left(1-\frac{x}{\overline{X}}\right)\mathrm{e}^{-\beta\eta}\,\widehat{W}_1^*(z,\ \eta) \tag{2.62}$$

这里$\rho(x,\ \eta;\ 0)=\sum_{n=1}^{\infty}\frac{1}{n}\mathrm{e}^{-q^2n^2\eta}\sin\frac{n\pi}{\overline{X}}x$，$q=\frac{\pi\sigma}{\sqrt{2}\overline{X}}$

证明细节由前面推导过程得知。

由定理2.2可知，计算Parasian期权的一般流程：首先$\widehat{W}_1^*(z,\ \eta)$由IDE-Ⅰ(2.56)或者IDE-Ⅱ(2.60)数值计算；接着$\widehat{W}_1(z,\ x,\ \eta)$与$\widehat{W}_2(z,\ x,\ \eta)$由式(2.61)~(2.62)计算；然后利用Laplace逆运算得到$W_1(\tau,\ x,\ \eta)$与$W_2(\tau,\ x,\ \eta)$，最后期权价值由变量代换获得。

Laplace计算流程如算法2.2所示。

算法2.2 利用LTM方法求解Parasian期权。

步骤1. 对于$\alpha<0$利用IDE-Ⅰ计算$\widehat{W}_1^*(z,\ x,\ \eta)$，否则利用IDE-Ⅱ计算$\widehat{W}_1^*(z,\ x,\ \eta)$。

步骤2. 按照式(2.61)计算$\widehat{W}_1(z,\ x,\ \eta)=C(z,\ x,\ \eta)\mathrm{e}^{\gamma(z)x}$。

步骤3. 如果$x>\overline{x}$，对于任意z落入抛物线Γ上，按照式(2.62)计算$\widehat{W}_2(z,\ x,\ \eta)$。

步骤4. 利用Laplace逆变换式(2.43)、(2.44)计算$W_1(z,\ x)$、$W_2(z,\ x,\ \eta)$。

步骤5. 输出原始期权$V_1(t,\ x)=\mathrm{e}^{\alpha x}W_1(t,\ x)$，$V_2(t,\ x,\ \eta)=\mathrm{e}^{\alpha x+\beta\eta}W_2(\tau,\ x,\ \eta)$，这里$t=\tau+\overline{T}-\xi$，$\eta=\overline{T}-\xi$。

2.4 数值算例

本节演示用LTMs方法求解巴黎期权的有效性和计算精度。与之对照的方法有蒙特卡罗模拟、有限差分方法以及移动窗口方法（Zhu，

2015)。所有实验运行在 Matlab8.0 软件上，PC 配置：Intel(R) Core (TM) i5-4200 CPU @ 2.5GHz and 4.00GB RAM。

对于隐式有限差分方法(Implicit FDMs，IFDM)，其时间剖分为

$$\tau_m=m\Delta\tau,\ \Delta\tau=T/N_\tau,\ m=0,\ 1,\ 2,\ \cdots,\ N_\tau$$

空间剖分为

$$x'_i=\bar{x}-(\bar{x}+\bar{X})\left(\frac{N_{x'}+1-i}{N_{x'}+1}\right)^{\nu},\ \Delta x'_i=x'_{i+1}-x'_i,\ i=0,\ 1,\ \cdots,\ N_{x'}+1$$

$$x''_j=\bar{x}+(\bar{X}-\bar{x})\left(\frac{j}{N_{x''}+1}\right)^{\nu},\ \Delta x''_j=x''_{j+1}-x''_j,\ j=0,\ 1,\ \cdots,\ N_{x''}+1$$

$$\xi_l=l\Delta\xi,\ \Delta\xi=\bar{T}/N_\xi,\ l=0,\ 1,\ 2,\ \cdots,\ N_\xi$$

这里 N_τ、$N_{x'}$、$N_{x''}$ 和 N_ξ 为给定正整数，$\nu\geqslant 1$ 为网格控制参数。如果 $\nu=1$，$\{x'_i\}$ 与 $\{x''_j\}$ 是一致网格；如果 $\nu>1$，更多节点位于 $\bar{x}$ 附近。在计算中，时间节点 $\Delta\tau=\Delta\xi=0.0005$，非一致空间节点 $\{x'_i\}$ 与 $\{x''_j\}$ 取 $N_{x'}=N_{x''}=500$，$\nu=1.5$。蒙特卡罗算法参考 Bernard(2011)。每次 MC 算法取 $\Delta t=2.5\times10^{-6}$，产生 200 万条股票路径。移动窗口方法计算结果取自文献(Zhu，2015)。设置 Laplace 计算参数 $L=5$，时间网格大小 $\Delta\eta=0.0005$。对于 IDE-Ⅰ(2.56)和 IDE-Ⅱ(2.60)使用标准有限差分方法。

LTMs 主要计算工作量包括计算积分 $\varphi(z,\ x,\ \eta)$ 和 $\psi(z,\ x,\ \eta)$，以及求和式(2.33)~(2.34)。利用 Matlab 函数"quadgk"(Gauss-Kronrod 积分命令)计算 $\varphi(z,\ x,\ \eta)$ 和 $\psi(z,\ x,\ \eta)$。为了有效计算式(2.33)~(2.34)，定义

$$\Pi_{\rho,\ m,\ x,\ \eta}(k)=\sum_{j=(k-1)N_s+1}^{kN_s}\left(\frac{1}{q^m n^{m+1}}e^{-q^2n^2\eta}\sin\frac{n\pi}{\bar{X}}x\right),\ k=1,\ 2,\ \cdots$$

$$\Pi_{\theta,\ m,\ \eta}(k)=\sum_{j=(k-1)N_s+1}^{kN_s}\left(\frac{1}{q^m n^m}e^{-q^2n^2\eta}\right),\ k=1,\ 2,\ \cdots$$

这里 $N_s=400$，其中 $\Pi_{\rho,\ m,\ x,\ \eta}(k)$ 和 $\Pi_{\theta,\ m,\ \eta}(k)$ 分别表示 $\rho(x,\ \eta;\ m)$ 的

k 阶求和与 $\theta(\eta;\ m)$ 的 k 阶求和。如果整数 k 满足

$$\frac{|\Pi_{\rho,\ m,\ x,\ \eta}(k)|}{\left|\sum_{j=1}^{k}\Pi_{\rho,\ m,\ x,\ \eta}(j)\right|} \leqslant 10^{-8} \text{或} \frac{|\Pi_{\theta,\ m,\ \eta}(k)|}{\left|\sum_{j=1}^{k}\Pi_{\theta,\ m,\ \eta}(j)\right|} \leqslant 10^{-8},$$

则取逼近值

$$\rho(x,\ \eta;\ m) \approx \sum_{j=1}^{k}\Pi_{\rho,\ m,\ x,\ \eta}(j) \text{ 或 } \theta(\eta;\ m) \approx \sum_{j=1}^{k}\Pi_{\theta,\ m,\ \eta}(j)$$

为了收敛性分析，所有计算结果取

$$V_1\left(t,\ \log\frac{S}{\overline{S}}\right) = V_1(t,\ x) = U_1(\tau,\ x) = \mathrm{e}^{\alpha x}W_1(\tau,\ x)$$

$$V_2\left(t,\ \log\frac{S}{\overline{S}},\ \xi\right) = V_2(t,\ x,\ \xi) = U_2(\tau,\ x,\ \xi) = \mathrm{e}^{\alpha x+\beta\eta}W_2(\tau,\ x,\ \eta)$$

这里 $t=\tau+\overline{T}-\xi$，$\xi=\overline{T}-\eta$，$S=\overline{S}\mathrm{e}^{x}$。

例 2.1 计算 Parisian up - and - out 看涨期权，障碍时间 $\eta=\overline{T}$(i. e. , $\xi=0$)，参数 $\sigma=0.1$，$r=0.05$，$\delta=0$，$\overline{T}=0.2$，$\overline{S}=12$，$K=10$。

表 2-1 列出了 Parisian up-and-out 看涨期权价格，包括 MWMs、MCSs、IFDMs 与 LTMs 在 $S=\overline{S}$ 处 $\eta=\overline{T}$，括号中的数字表示 CPU 时间(单位秒)，结果显示 LTMs 方法计算结果与其他方法相比误差很小，但是 CPU 计算时间要明显少得多。IFDMs、MCSs 以及 MWMs 方法随着时间 τ 的增加，计算时间线性增长，但 LTMs 方法的计算时间没有明显变化。这是因为 LTMs 方法的计算不依赖于时间演化，从而 LTMs 方法比其他方法更有效。

表 2-1 Parisian up-and-out 看涨期权价格

τ	MWM(s)	MCS(s)	IFDM(s)	LTM(s)
0.3	1.3883(1)	1.3582(791)	1.3862(234)	1.3686(0.7)
0.4	1.0934(1)	1.0744(976)	1.1003(445)	1.0796(0.6)
0.5	0.8858(2)	0.8766(1209)	0.9005(682)	0.8825(0.6)
1.0	0.4296(3)	0.4212(1880)	0.4337(1821)	0.4239(0.6)

图 2-3 显示了计算误差与 Laplace 参数 L 的关系。在这里 $L=20$ 作为参考的真实解，误差使用 L^2 范数衡量。从图 2-3 可以看出，误差结果符合理论估计(2.46)。

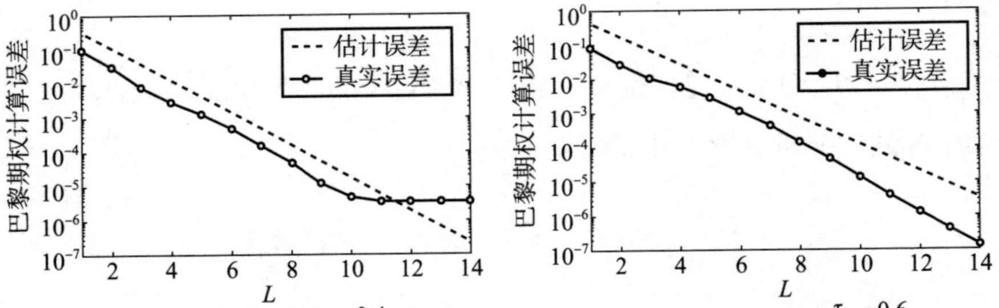

（a）误差在 0.3 和 $\Lambda=\frac{\tau_1}{\tau_0}=\frac{0.4}{0.1}=4$ （b）误差在 0.4 和 $\Lambda=\frac{\tau_1}{\tau_0}=\frac{0.6}{0.1}=6$

图 2-3　LTMs 方法求解巴黎期权计算结果

例 2.2　Parasian up-and-out 看涨期权，所有参数与例 2.1 保持一致。

表 2-2 给出 Parasian up-and-out 看涨期权，在 $S=\overline{S}$ 处 $\eta=\overline{T}$。表 2-2 表明 LTMs 的解与 MCSs 方法保持一致。同时 LTMs 的 CPU 时间比传统方法要少得多，说明本书提出的数值算法占据优势。同时图 2-4 显示出 LTMs 方法时间指数收敛，与理论结果(2.46)保持一致。

表 2-2　Parasian up-and-out 看涨期权

τ	MWM(s)	MCS(s)	IFDM(s)	LTM(s)
0.3	0.9991(23)	0.9234(721)	0.9097(135)	0.9361(0.9)
0.4	0.7312(23)	0.6556(935)	0.6465(272)	0.6609(0.9)
0.5	0.5762(23)	0.4995(1202)	0.5055(408)	0.5085(0.8)
1.0	0.2462(23)	0.2198(2538)	0.2129(1159)	0.2152(0.8)

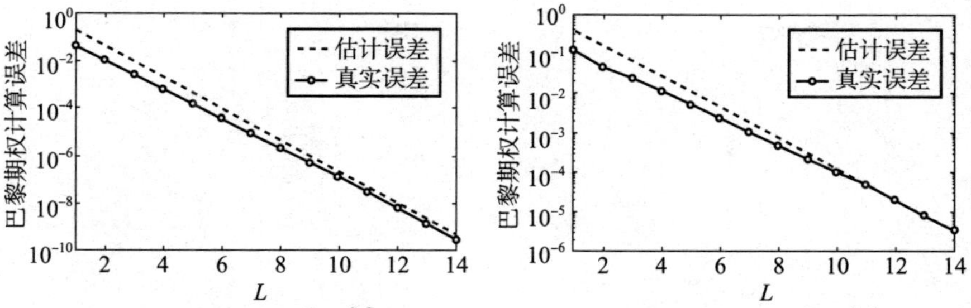

（a）误差在0.2和$\Lambda=\frac{\tau_1}{\tau_0}=\frac{0.2}{0.1}=2$　　（b）误差在0.4和$\Lambda=\frac{\tau_1}{\tau_0}=\frac{0.6}{0.1}=6$

图 2-4　LTMs 方法求解巴黎期权计算结果

2.5　小结

本章针对复杂巴黎期权的高维 PDE 建立快速 Laplace 变换方法。关键在于将耦合 2-维与 3-维 PDE 转化为常微分方程，得到二阶常微分方程解析解之后，真实的巴黎期权根据快速 Laplace 逆变换得到正确恢复。理论与实践证明，本章提出的方法在时间上具有指数收敛阶，在空间上是解析解，计算效率远高于其他方法。

3

高维期权定价RBF方法

本章考虑多资产期权高维偏微分方程的径向基函数方法。首先构造算法结构，然后给出收敛性分析与证明，最后数值算例说明方法有效，精度较高，方法具有二阶收敛性。

3.1 多资产期权高维偏微分方程

高维偏微分方程在物理与金融中有广泛应用，如流体运动、热传导、多资产期权定价等。这些偏微分方程具有时间变量 t 和空间向量 $X=[x_1, x_2, \cdots, x_d]$。一般地，来自物理模型的空间变量的维数 $d=1$、2、3，来自金融模型的空间变量维数 d 高于 3。对于金融模型，其偏微分方程的求解更具挑战性。在金融模型中，假定资产对数价格 $x_i=\log S_i$，它由无套利假定下的布朗运动决定:

$$dx_i=(r-D_i)dt+\sigma_i dW_t^{(i)},\quad i=1,\ 2,\ \cdots,\ d$$

这里 $r>0$ 为无风险利率，$D_i>0$ 为分红率，$\sigma_i>0$ 为波动率，布朗运动具有协方差 $\mathrm{Cov}[dW_t^{(i)},\ dW_t^{(j)}]=\rho_{ij}dt$。期权定价模型导致一个高维偏微分方程(Partial Differential Equation，PDE)。对于一维模型，B-S 方程具有封闭的解析解。对于多维情形，B-S 方程没有封闭的解析解，一般需要利用数值方法求解。令 T 为到期日，$\tau=T-t$ 为离到期日的剩余时间。记 $V(\tau,\ X)$ 为多资产期权，期权价值满足下列 d-维 PDE

$$\begin{cases}\dfrac{\partial}{\partial\tau}V(\tau,\ X)=AV(\tau,\ X),\ \tau\in R^+,\ X\in\Omega\subset R^d\\ V(0,\ X)=V_0(X),\ X\in\Omega\\ V(\tau,\ X)=V_B(\tau,\ X),\ \tau\in R^+,\ X\in\partial\Omega\end{cases}\tag{3.1}$$

这里 $V_0(X)$ 与 $V_B(\tau, X)$ 为给定函数，表示初始条件与边界条件，A 是线性微分算子

$$A=\frac{1}{2}\sum_{i=1}^{d}\sum_{j=1}^{d}a_{ij}\frac{\partial^2}{\partial x_i\partial x_j}+\sum_{i=1}^{d}b_i\frac{\partial}{\partial x_i}-rI \tag{3.2}$$

其中，$a_{ij}=\rho_{ij}\sigma_i\sigma_j$，$b_i=r-D_i-\frac{1}{2}\sigma_i^2$，$I$ 为恒等算子。

利用有限差分方法（FDMs）来离散求解偏微分方程 PDE（3.1）比较困难，因为 $d\geqslant 3$ 的 PDE 比较复杂，离散起来困难，计算也相当耗时。近年来，基于无网格的径向基函数（RBF）方法是针对高维问题的有力工具。关于 RBF 方法至少具有下列优势：①RBF 方法提供谱收敛阶解；②自适应网格易于应用；③RBF 方法容易实现。

时间演化方式的数值方法需要很细致的时间、空间剖分。在过去几十年，基于 Laplace 的数值围线积分方法得到广泛应用。因为围线积分方法不是时间步进的，其运算速度高于经典的有限差分方法。如果积分核指数衰减并且全部奇异值位于坐标平面左边，则积分算法指数收敛。其核心是经过空间半离散的采用 Laplace 逆变换。

本书讨论利用 RBF 围线积分方法计算高阶偏微分方程（组）。首先偏微分方程 PDE（3.1）使用 RBF 离散逼近。在节点集合 X 上拥有 N 个节点，运用配置方法于时间、空间离散后的 ODEs。令 RBF 半离散解为 $V_N(\tau, X)$，可以证明它是指数收敛于真实解 $V(\tau, X)$，具有谱收敛阶 $O[\mathrm{e}^{-\tilde{R}t\tilde{C}N^{1/d}\log(\tilde{C}N^{1/d})}]$。其次 Laplace 变换应用于常微分方程 ODEs，并且利用数值围线积分公式来恢复 Laplace 逆变换。关键是证明积分核的所有奇异值位于某个扇形区域之内。令 $V_{N,L}(\tau, X)$ 是 RBF 围线积分结果，$V_N(\tau, X)$ 是空间半离散结果，可以证明二者之间误差为 $O(\mathrm{e}^{-\widehat{R}L})$，这里 L 为 Laplace 逆变换参数。证明下列收敛性结果

$$\| V_{N,L}(\tau, X)-V(\tau, X) \| \leqslant O[\mathrm{e}^{-\tilde{R}\sqrt{\tilde{C}N^{1/d}}\log(\tilde{C}N^{1/d})}]+O(\mathrm{e}^{-\widehat{R}L})$$

总的来说，Laplace 变换求解多资产期权具有三重优势：

(1)建立了一个一致无网格 RBF 围线积分的计算框架。该框架易于实现，比时间步进的有限差分算法更有效率。

(2)证明了算法的空间、时间谱收敛阶。其误差包括 RBF 配置方法的半离散误差与 Laplace 逆变化误差。该方法的核心是要求积分核的所有奇异值位于一个扇形区域之内。

(3)RBF 的形状参数 ε 严重影响算法收敛性与稳定性，一个二分算法被提出来决定最优参数 ε。

3.2 RBF 围线积分方法

给定 N 个空间节点集合 $X\in\Omega\subset R^d$，即

$$X=[X^{(1)},\ X^{(2)},\ \cdots,\ X^{(N)}],\ X^{(k)}=[x_1^{(k)},\ x_2^{(k)},\ \cdots,\ x_d^{(k)}]\in\Omega$$

$$k=1,\ 2,\ \cdots,\ N \tag{3.3}$$

$V(\tau,\ X)$的 RBF 插值函数表示为

$$V(\tau,\ X)\approx\sum_{k=1}^{N}\omega_k(\tau)\varphi[\ \|X-X^{(k)}\|\ ]=\sum_{k=1}^{N}\omega_k(\tau)\varphi_k(X) \tag{3.4}$$

其中，$\omega_k(\tau)$，$k=1$，$\cdots$，N，为 τ 的实值函数，$\|\cdot\|$ 为欧几里得范数，$\varphi_k(X)=\varphi[\ \|X-X^{(k)}\|\ ]$，这里 $\varphi(\cdot)$ 为实值函数，其形式为 $\varphi(r)=1/t\varepsilon^2r^2+1$，或者取高斯函数 $\varphi(r)=e^{-\varepsilon^2r^2}$，参数 ε 为形状参数，决定了 RBFs 的扁平特征。许多实验表明参数 ε 对 RBF 的稳定性具有重要影响，定义

$$W(\tau)=[\omega_1(\tau),\ \omega_2(\tau),\ \cdots,\ \omega_N(\tau)]^T$$

$$\Phi(X)=[\varphi_1(X),\ \varphi_2(X),\ \cdots,\ \varphi_N(X)]$$

则式(3.4)可以表示为

$$V(\tau,\ X)\approx\Phi(X)W(\tau)=V_N(\tau,\ X) \tag{3.5}$$

将式(3.5)代入偏微分方程组(3.1)得到

$$\begin{cases}\Phi(X)\dfrac{\mathrm{d}}{\mathrm{d}\tau}W(\tau)\approx[A\Phi(X)]W(\tau), & \tau\in R^{+},\ X\in\Omega\\ \Phi(X)W(0)=V_0(X), & X\in\Omega\\ \Phi(X)W(\tau)=V_B(\tau,\ X), & \tau\in R^{+},\ X\in\partial\Omega\end{cases}\tag{3.6}$$

定义节点集合 $X=X_I\cup X_B$，其中 $X_I=[X^{(1)},\ \cdots,\ X^{(N_1)}]\subset\Omega$ 为内点集合，$X_B=[X^{(N_1+1)},\ \cdots,\ X^{(N)}]\subset\partial\Omega$ 为边界点集合，记 $N=N_1+N_2$。配置微分方程组(3.6)于节点集合 X，得到如下线性常微分方程组

$$\begin{cases}U_I\dfrac{\mathrm{d}}{\mathrm{d}\tau}W(\tau)=A_IW(\tau)\\ U_IW(0)=V_0^I,\ U_BW(0)=V_0^B\\ U_BW(\tau)=V_B(\tau)\end{cases}\tag{3.7}$$

这里

$$V_0^I=\{V_0[X^{(1)}],\ \cdots,\ V_0[X^{(N_1)}]\}^T$$

$$V_0^B=\{V_0[X^{(N_1+1)}],\ \cdots,\ V_0[X^{(N)}]\}^T$$

$$V_B(\tau)=\{V_B[\tau,\ X^{(N_1+1)}],\ \cdots,\ V_B[\tau,\ X^{(N)}]\}^T\tag{3.8}$$

U_I、U_B 以及 A_I 分别是 $N_1\times N$、$N_2\times N$ 和 $N_1\times N$ 矩阵，其定义为

$$U_I=\begin{bmatrix}\Phi[X^{(1)}](1)\\ \Phi[X^{(2)}](2)\\ \vdots\\ \Phi[X^{(N_1)}](N_1)\end{bmatrix},\ U_B=\begin{bmatrix}\Phi[X^{(N_1+1)}](N_1+1)\\ \Phi[X^{(N_1+2)}](N_1+2)\\ \vdots\\ \Phi[X^{(N)}]\end{bmatrix},\ A_I=\begin{bmatrix}A\Phi[X^{(1)}]\\ A\Phi[X^{(2)}]\\ \vdots\\ A\Phi[X^{(N_1)}]\end{bmatrix}\tag{3.9}$$

系统(3.7)是 RBF 的半离散形式，向量 $W(\tau)$ 是未知待求的。一旦 $W(\tau)$ 被求出，有 RBF 解

$$V_N(\tau,\ X)=\Phi(X)W(\tau)\tag{3.10}$$

可以证明 $V(\tau,\ X)$ 与 $V_N(\tau,\ X)$ 之间的误差收敛，如果 $N\to\infty$，其收敛

性是谱收敛的。

运用 Laplace 变换求解方程组(3.7)，实施变换

$$L[W(\tau)](z)=\widehat{W}(z)=\int_0^{+\infty}\mathrm{e}^{-z\tau}W(\tau)\,\mathrm{d}\tau \tag{3.11}$$

于方程组(3.7)两边得到

$$(zU-A)\widehat{W}(z)=\widehat{F}(z) \tag{3.12}$$

参数 $z\in C$，矩阵 U、A 以及 $\widehat{F}(z)$ 有定义

$$U=\begin{bmatrix}U_I\\ \\ U_B\end{bmatrix},\ A=\begin{bmatrix}A_I\\ \\ 0\end{bmatrix},\ \widehat{F}(z)=\begin{bmatrix}V_0^I\\ \\ z\widehat{V}_B(z)\end{bmatrix} \tag{3.13}$$

定义 $\widehat{V}_N(z)=U\widehat{W}(z)$ 为 RBF 解，由式(3.11)得到

$$\widehat{V}_N(z)=U\widehat{W}(z)=U(zU-A)^{-1}\widehat{F}(z)=(zI-G)^{-1}\widehat{F}(z) \tag{3.14}$$

这里 $G=AU^{-1}$，运用 Laplace 逆变换得到

$$V_N(\tau)=\{V_N[\tau,\ X^{(1)}],\ \cdots,\ V_N[\tau,\ X^{(N_1)}],\ V_N[\tau,\ X^{(N_1+1)}],\ \cdots,\ V_N[\tau,\ X^{(N)}]\}^{\mathrm{T}}$$

上式可以由逆变换得到

$$V_N(\tau)=\frac{1}{2\pi\mathrm{i}}\int_\Gamma \mathrm{e}^{z\tau}\widehat{V}_N(z)\,\mathrm{d}z=\frac{1}{2\pi\mathrm{i}}\int_\Gamma \mathrm{e}^{z\tau}(zI-G)^{-1}\widehat{F}(z)\,\mathrm{d}z \tag{3.15}$$

此处 $\mathrm{i}=\sqrt{-1}$，Γ 是围线，其起点和终点始于负无穷 $\mathrm{Re}(z)\to-\infty$，本书取双曲围线如下

$$\Gamma:\ z(\xi)=\mu[1+\sin(\mathrm{i}\xi-\theta)],\ -\infty<\xi<+\infty \tag{3.16}$$

参数 $\mu>0$，参数 θ 决定围线宽度，将式(3.16)代入式(3.15)，得到 RBF 解

$$V_N(\tau)=\frac{1}{2\pi\mathrm{i}}\int_{-\infty}^{+\infty}\mathrm{e}^{z(\xi)\tau}\widehat{V}_N[z(\xi)]z'(\xi)\,\mathrm{d}\xi \tag{3.17}$$

积分式(3.17)可以由梯形数值积分公式计算，即

$$V_N(\tau) \approx V_{N,L}(\tau) = \frac{2\pi i}{\hat{h}} \sum_{l=-L}^{L} e^{z(\xi_l)\tau} \hat{V}_N[z(\xi_l)]z'(\xi_l), \quad \xi_l = l\hat{h} \tag{3.18}$$

参数μ、θ以及$\hat{h}$的选择影响数值精度。$\mathrm{DE} \equiv \| V_N(\tau) - V_{N,L}(\tau) \|$一般指离散误差，而$\mathrm{TE} \equiv \| V_{N,L=\infty}(\tau) - V_{N,L}(\tau) \|$指截断误差。通过匹配离散误差和截断误差，某些参数可以确定下来。假定式(3.14)的所有奇异组合落入扇形区域

$$\sum_{\delta} = \left[z \in C \mid \arg(-z) \mid \leqslant \delta, \ \delta \in \left(0, \frac{\pi}{2}\right) \right], \ \delta + \theta < \frac{\pi}{2} \tag{3.19}$$

这个假定将会在后文给出严格证明，在此条件下$\hat{h}$和μ按如下方式选择

$$\hat{h} = \frac{K_\theta}{L}, \ \mu = \frac{4\pi\theta - \pi^2 + 2\pi\delta L}{K_\theta \tau} \tag{3.20}$$

$$K_\theta = \cos h^{-1}\left[\frac{2\theta}{(4\theta - \pi + 2\delta)\sin\theta}\right] \tag{3.21}$$

此时 Laplace 逆变换收敛阶为

$$\| V_{N,L}(\tau) - V_N(\tau) \|_\infty \leqslant O(e^{-\hat{R}L}) \tag{3.22}$$

$$\hat{R} = \frac{\pi^2 - 2\pi\theta - 2\pi\delta}{K_\theta} \tag{3.23}$$

依据式(3.20)，一旦半角δ确定，同时优化参数θ满足$\theta + \delta < \frac{\pi}{2}$，就可以确定$\hat{R}$。$V_{N,L}(\tau)$为$d$-维 PDE(3.1)的 RBF 围线积分解，同时令

$$W_{N,L}(\tau) = U^{-1} V_{N,L}(\tau) \tag{3.24}$$

则$V_{N,L}(\tau, X) = \Phi(X) W_{N,L}(\tau)$，对于任意$(\tau, X)$，给定节点集合$X \subset \overline{\Omega}$，通过构造 RBF-离散矩阵$U$和$A$，偏微分方程 PDE(3.1)的 RBF 围线积分解具有数值求解公式(3.17)，详细计算流程总结见算法 3.1。

算法 3.1 RBF 围线积分方法求解偏微分方程(3.1)。

步骤 1. 给定模型参数 d、r、a_{ij}、b_i，初值函数 $V_0(X)$ 与边界函数 $V_B(\tau, X)$［在PDE(3.1)中］。

步骤 2. 产生节点集合 $X_I=\{X^{(k)}\}_{k=1}^{N_1}$，节点集合 $X_B=\{X^{(k)}\}_{k=N_1+1}^{N}$ 于边界 $\partial\Omega$ 处，构造 RBF 数据集合 $X=\{X^{(1)}, \cdots, X^{(N)}\}$。

步骤 3. 给定 RBF 函数与形状参数 ε，构造矩阵 U_I、U_B 以及 A_I，通过式(3.12)产生矩阵 U、A 以及 $G=AU^{-1}$。

步骤 4. 由式(3.12)计算 $z\widehat{V}_B(z)$，构造向量 $\widehat{F}(z)$，求解系统(3.13)计算 $\widehat{V}(z)$。

步骤 5. 给定半角 δ 与 Laplace 变换参数 L，确定 Laplace 参数 $\widehat{h}$、μ、θ、K_θ。

步骤 6. 应用数值 Laplace 逆公式(3.17)计算围线积分解 $V_{N,L}(\tau)$。

步骤 7. 令 $W_{N,L}(\tau)=U^{-1}V_{N,L}(\tau)$，从而 $V_{N,L}(\tau, X)=\Phi(X)W_{N,L}(\tau)$ 对时间 $\tau>0$ 和空间 $X\in\Omega$ 成立。

3.3 股票价格离散

对于高斯型 RBFs $\varphi(r)=e^{-\varepsilon^2 r^2}$，首先分析 RBF 半离散误差，其他类型 RBF 具有类似结果。

3.3.1 RBF 半离散误差

首先介绍 Hilbert 空间，它由所有无限光滑函数构成，给定正定 RBF $\varphi(X)=e^{-\varepsilon^2\|X\|^2}$，Hilbert 空间 $N_\varphi(R^d)$ 定义为

$$N_\varphi(R^d)=\left[f\in C(R^d)\cap L_2(R^d):\ \|f\|_{N_\varphi}^2=\int_{R^d}\frac{|\widehat{f}(\omega)|^2}{|\widehat{\varphi}(\omega)|}d\omega<\infty\right] \tag{3.25}$$

这里 $\hat{f}$ 和 $\hat{\varphi}$ 为函数 f 和 φ 的傅立叶变换，相应范数 $N_\varphi(\Omega)$ 被定义为

$$N_\varphi(\Omega)=[f\in N_\varphi(R^d):f|_\Omega=0]^{\perp N_\varphi}=[f|_\Omega: f\in N_\varphi(R^d),(f,g)_{N_\varphi(R^d)}$$
$$=0 \text{ for all } g\in N_\varphi(R^d) s.t. g|_\Omega=0] \tag{3.26}$$

关于节点 $X=[X^{(1)},\cdots,X^{(N)}]\subseteq\overline{\Omega}$，其填充距离为

$$\tilde{h}=\sup_{X\in\Omega}\min_{X^{(k)}\in X}\|X-X^{(k)}\|_2 \tag{3.27}$$

记 $\tilde{V}(X)$ 为函数 $V(X)$ 的 RBF 插值，下列引理给出了误差估计。

引理 3.1 如果 $\Omega\subset R^d$ 具有 Lipschitz 边界，同时满足内部条件 $1\leqslant q\leqslant+\infty$ 与所有 $\beta\in N_0^d$，存在 h_0 与 R 使得 $X\subset\Omega$ 并且 $\tilde{h}\leqslant h_0$，$V(X)\in N_\varphi(\Omega)$，则

$$\|D^\beta[V(X)-\tilde{V}(X)]\|_{L_q(\Omega)}\leqslant 2e^{R\log\tilde{h}/\sqrt{\tilde{h}}}\|V\|_{N_\varphi(\Omega)} \tag{3.28}$$

这里常数 R 依赖于 β、Ω、q 以及 ε，但不依赖于 $V(X)$ 和 $\tilde{h}$。

引理 3.1 是文献(Rieger，2010)的特殊情形，被推广到一般情形。引理 3.1 给出一个有用的误差估计，记 RBF 半离散误差

$$E_N(\tau)=[e_1(\tau),e_2(\tau),\cdots,e_N(\tau)]^T \tag{3.29}$$

这里

$$e_k(\tau)=V_N[\tau,X^{(k)}]-V[\tau,X^{(k)}] \tag{3.30}$$

假定

$$\tilde{h}\leqslant 1/(\tilde{C}N^{1/d}) \tag{3.31}$$

上述假定在许多情况下是满足的。例如，对于一致网格剖分，$\Omega=(x_L,x_R)^d$，存在 $N^{1/d}$ 个节点 $\{x_j\}$ 与任意方向 i，使得 $\tilde{h}\leqslant(x_R-x_L)/N^{1/d}=1/(\tilde{C}N^{1/d})$，$\tilde{C}=(x_R-x_L)^{-1}$。运用引理 3.1 和假设 $\mathrm{Re}[\lambda(G)]\leqslant 0$，RBF 误差 $E_N(\tau)$ 有如下结果。

定理 3.1 令 $\Omega \subset R^d$ 具有 Lipschitz 边界同时满足角域条件。假定 $\tilde{h} \leqslant 1/(\tilde{C}N^{1/d})$ 对常数 $\tilde{C}$ 成立，再假定 PDE(3.1)的解 $V(\tau, X) \in N_\varphi(\Omega)$。如果 $G=AU^{-1}$ 的所有特征值的实部为负，则存在常数 h_0 与 $\tilde{R}$，使得 RBF 离散误差 $E_N(\tau)$ 有估计

$$\| E_N(\tau) \|_\infty \leqslant O[\mathrm{e}^{-\tilde{R}\sqrt{\tilde{C}N^{1/d}}\log(\tilde{C}N^{1/d})}] \tag{3.32}$$

这里 $\tilde{h} \leqslant h_0$，$\tilde{R}$ 依赖于 Ω 和形状参数 ε，但不依赖于 N。

证明： 令

$$\tilde{V}_N(\tau, X) = \Phi(X)\tilde{W}(\tau)$$

为真实解 $V(\tau, X)$ 的 RBF 插值，从而

$$V[\tau, X^{(k)}] = \tilde{V}_N[\tau, X^{(k)}] = \Phi[X^{(k)}]\tilde{W}(\tau),\ k=1, \cdots, N \tag{3.33}$$

误差 $E_N(\tau)$ 被表示为

$$E_N(\tau) = U[W(\tau) - \tilde{W}(\tau)] \tag{3.34}$$

利用式(3.34)得到

$$A[W(\tau) - \tilde{W}(\tau)] = AU^{-1}U[W(\tau) - \tilde{W}(\tau)] = AU^{-1}E_N(\tau) = GE_N(\tau) \tag{3.35}$$

这里 $G = AU^{-1}$，记 $E_N(\tau, X) = V(\tau, X) - \tilde{V}_N(\tau, X)$ 为 RBF 插值误差，则

$$V(\tau, X) = \tilde{V}_N(\tau, X) + E_N(\tau, X) \tag{3.36}$$

将式(3.33)代入 PDE(3.1)得到

$$\begin{cases} \dfrac{\partial}{\partial \tau}\widetilde{V}_N(\tau, X) = A\widetilde{V}_N(\tau, X) + Z_N(\tau, X), & \tau \in R^+, X \in \Omega \subset R^d \\ \widetilde{V}_N(0, X) + E_N(0, X) = V_0(X), & X \in \Omega \\ \widetilde{V}_N(\tau, X) + E_N(\tau, X) = V_B(\tau, X), & \tau \in R^+, X \in \partial\Omega \end{cases} \tag{3.37}$$

这里

$$Z_N(\tau, X) := AE_N(\tau, X) - \frac{\partial}{\partial \tau}E_N(\tau, X)$$

结合式(3.35)、方程组(3.37)有

$$\begin{cases} U_I \dfrac{\mathrm{d}}{\mathrm{d}\tau}\widetilde{W}(\tau) = A_I\widetilde{W}(\tau) + Z_{N_1}(\tau) \\ U_I\widetilde{W}(0) = V_0^I, \ U_B\widetilde{W}(0) = V_0^B \\ U_B\widetilde{W}(\tau) = V_B(\tau) \end{cases} \tag{3.38}$$

这里

$$Z_{N_1}(\tau) = \{Z_N[\tau, X^{(1)}], \cdots, Z_N[\tau, X^{(N_1)}]\}^T$$

方程组(3.37)减去方程组(3.38)，同时运用式(3.34)有

$$\frac{\mathrm{d}}{\mathrm{d}\tau}E_N(\tau) = GE_N(\tau) + Z_N(\tau) \tag{3.39}$$

这里 $E_N(0)=0$，$Z_N(\tau)$是一个 N-维列向量

$$Z_N(\tau) = [Z_{N_1}^{\mathrm{T}}(\tau), 0, \cdots, 0] \tag{3.40}$$

由式(3.39)得到

$$E_N(\tau) = \int_0^\tau \mathrm{e}^{G(\tau - s)} Z_N(s)\,\mathrm{d}s \tag{3.41}$$

从而

$$\| E_N(\tau) \|_\infty = \left\| \int_0^\tau \mathrm{e}^{G(\tau - s)}\mathrm{d}s \right\|_\infty \max_{0 \leqslant s \leqslant \tau} \| Z_N(s) \|_\infty \tag{3.42}$$

在 $G=AU^{-1}$的特征值实部为负数的假设下，$\| \int_0^{\tau} e^{G(\tau-s)} ds \|_{\infty}$ 有界，进一步运用引理 3.1 得到

$$\| E_N(\tau) \|_{\infty} \leqslant C e^{\tilde{R} \log \tilde{h} / \sqrt{\tilde{h}}} \tag{3.43}$$

这里 C 与 $\tilde{R}$ 均为常数，与 $\tilde{h}$ 无关。运用 $\tilde{h} \leqslant 1/(\tilde{C} N^{1/d})$，容易有式(3.32)，证毕。

3.3.2 RBF 围线积分误差

为了保证指数收敛性，要求$(zI-G)^{-1} \hat{F}(z)$的特征值落入扇形区域 $\sum_{\delta}$，$0<\delta<\dfrac{\pi}{2}$。如果 $\hat{F}(z)$解析，在 C^d 中有界，只需考虑分析 $G=AU^{-1}$。首先分析 U、A 的结构，然后给出一个扇形区域。

考虑 d-维一致网格，其节点 $X^{(k)}=[x_1^{(k)}, x_2^{(k)}, \cdots, x_d^{(k)}]$ for $k=1, 2, \cdots, N$，在每个方向取

$$x_i^{(k)} \in [x_L, x_L+\Delta x, \cdots, x_L+(M-1)\Delta x, x_R]$$

这里 $\Delta x=(x_R-x_L)/(M-1)$，x_L、x_R 为两个充分大的实数，$x_i=\log S_i$，$i=1, \cdots, d$。从而 X 中节点个数 $N=M^d$，每个都位于$(x_L, x_R)^d \subset R^d$。取常数 $\tilde{C}=(x_R-x_L)^{-1}$从而 $\tilde{h} \leqslant 1/(\tilde{C} N^{1/d})$。

引理 3.2 在分析矩阵 U 和 A 中扮演重要角色。

定义

$$p_k(y)=\sum_{j=1}^{+\infty} j^k e^{-j^2 y^2}, \quad \gamma_k(y)=[1+2p_k(y)]^d-1 \tag{3.44}$$

则级数 $\sum_{j=1}^{+\infty} j^k e^{-j^2 y^2}$ 收敛，对于任意的 $y>0$，$k=0, 1, 2, \cdots, N$。进一步地，$p_k(y)$与 $\gamma_k(y)$关于 y 单调递增且$\lim\limits_{y\to\infty} p_k(y)=\lim\limits_{y\to\infty} \gamma_k(y)=0$。

$q_{e,k}(y)=y^e p_k(y)$对于 $y>\sqrt{e}$单调递增，这里 $e \geqslant 1$，$k=0, 1, 2, \cdots, N$。

证明：记$\nu_j=j^k e^{-j^2y^2}$，则$p_k(y)=\sum_{j=1}^{+\infty}\nu_j$，对于任意$y>0$成立。记$m>0$且$y>\sqrt{\frac{k}{2m+3}\log\frac{m+1}{m+2}}$，则对于$j>m$有

$$\frac{\nu_{j+1}}{\nu_j}<\frac{(j+1)^k}{j^k}e^{-(2j+1)y^2}\leqslant\left(\frac{m+2}{m+1}\right)^k e^{-(2m+3)y^2}<\left(\frac{m+2}{m+1}\right)^k e^{-k\log\frac{m+1}{m+2}}=1$$

级数$p_k(y)=\sum_{j=1}^{\infty}\nu_j$，对任意$y>0$收敛，由定义(3.44)知道$p_k(y)$与$\gamma_k(y)$关于$y$单调递增。应用级数一致收敛原则，$\sum_{j=1}^{+\infty}j^k e^{-j^2y^2}$收敛，从而$\lim_{y\to\infty}p_k(y)=\lim_{y\to\infty}\gamma_k(y)=0$，因为

$$q_{e,k}(y)=ey^{e-1}p_k(y)-2y^{e+1}p_{k+2}(y)\leqslant y^{e-1}p_k(y)(e-y^2)<0,\ \text{for } y>\sqrt{e},$$

$q_{e,k}(y)$关于y单调递增。

引理3.3 记$A=[A_{ij}]$是一个$N\times N$矩阵，记C_i为圆族，以A_{ii}为中心，$\sum_{j=1,\ j\neq i}^{N}|A_{ij}|$为半径

$$C_i=\left(z\,|\,z-A_{ii}|\leqslant\sum_{j=1,\ j\neq i}^{N}|A_{ij}|\right)$$

则矩阵A的所有特征值位于圆周$C=\bigcup_{i=1}^{N}C_i$内，下列定理给出$\lambda(U)$的一个估计。

定理3.2 记$p_k(y)$与$\gamma_k(y)$由式(3.44)定义，给定$\varepsilon\Delta x$、U的特征值均为实值，且它的谱有估计$\lambda(U)\subset[1-\gamma_0(\varepsilon\Delta x),\ 1+\gamma_0(\varepsilon\Delta x)]$。

证明：一致网格假定下，有高斯型RBFs

$$\varphi_k[X^{(l)}]=e^{-\varepsilon^2\|X^{(l)}-X^{(k)}\|}=\exp[-(\varepsilon\Delta x)^2\|l-k\|^2]$$

对于指标集$l=[l_1,\ l_2,\ \cdots,\ l_d]$，$k=[k_1,\ k_2,\ \cdots,\ k_d]$，$l_i$，$k_i\in\{1,\ \cdots,\ M\}$，有

$$\sum_{k=1}^{N}|U_{lk}|=\sum_{k=1}^{N}\varphi_k[X^{(l)}]=\sum_{k}\exp[-(\varepsilon\Delta x)^2\|l-k\|^2]\leqslant$$

$$\sum_{k}\left[\prod_{i=1}^{d} e^{-\varepsilon^2(\Delta x)^2|l_i-k_i|^2}\right] \tag{3.45}$$

这里 $\sum_{k}$ 代表关于指标 k 的求和，由引理 3.2 有

$$\sum_{k_i=1}^{M} e^{-\varepsilon^2(\Delta x)^2|k_i-l_i|^2} = 1 + \sum_{k_i=1}^{l_i-1} e^{-\varepsilon^2(\Delta x)^2|k_i-l_i|^2} + \sum_{k_i=l_i+1}^{M} e^{-\varepsilon^2(\Delta x)^2|k_i-l_i|^2} \leqslant$$

$$1 + 2\sum_{j=1}^{+\infty} e^{-\varepsilon^2(\Delta x)^2 j^2} = 1 + 2p_0(\varepsilon\Delta x),\ i = 1,\ 2,\ \cdots,\ d \tag{3.46}$$

利于估计式(3.45)~(3.46)，得到

$$\sum_{k=1}^{N} |U_{lk}| \leqslant \sum_{k}\left[\prod_{i=1}^{d} e^{-\varepsilon^2(\Delta x)^2|l_i-k_i|^2}\right] \leqslant [1 + 2p_0(\varepsilon\Delta x)]$$

$$\sum_{k/\{k_1\}}\left[\prod_{i=2}^{d} e^{-\varepsilon^2(\Delta x)^2|l_i-k_i|^2}\right]$$

反复使用上述结果有

$$\sum_{k=1}^{N} |U_{lk}| \leqslant [1 + 2p_0(\varepsilon\Delta x)]^d,\quad l = 1,\ 2,\ \cdots,\ N$$

因为 $U_{ll}=1$，有

$$\sum_{k=1,\ k\neq l}^{N} |U_{lk}| \leqslant [1 + 2p_0(\varepsilon\Delta x)]^d - 1 = \gamma_0(\varepsilon\Delta x)$$

这里 $\gamma_0(\cdot)$ 由式(3.44)定义。注意到 $\gamma_0(y)$ 单调递增且 $\lim_{y\to\infty}\gamma_0(y)=0$，运用 Gerschgorin 圆盘定理(见引理 3.3)，特征值 $\lambda(U)$ 落入区域$[z \mid z-1| \leqslant \gamma_0(\varepsilon\Delta x)]$。因为 U 是实值的，从而 $\lambda(U)\subset[1-\gamma_0(\varepsilon\Delta x),\ 1+\gamma_0(\varepsilon\Delta x)]$。

推论 3.1 定理 3.2 表明 $\lambda(U^{-1})$ 落在区间$[(1+\gamma)^{-1},\ (1-\gamma)^{-1}]$内，如果 ε 充分大且满足 $\gamma_0(\varepsilon\Delta x)\leqslant\gamma$，则 $0<\gamma<1$。

定理 3.3 给出了矩阵 A 的谱估计。

定理 3.3 给定 $\varepsilon>1$ 与 $\Delta x>0$，矩阵 $A=[A_{lk}]_{N\times N}$的谱半径 $\lambda(A)$ 落在下列区域

$$\sum_{\varepsilon,\ \Delta x} = \{z \mid z - \lambda_0 \mid < \varepsilon^2\eta(\varepsilon\Delta x)\} \cup \{0\} \tag{3.47}$$

这里

$$\lambda_0 = -\varepsilon^2 \sum_{i=1}^{d} a_{ii} - r < 0$$

$\eta(y)$ 是单调递减函数，由式(3.57)定义，要求 $y \geqslant \sqrt{2}$，并且 $\lim_{y \to \infty} \eta(y) = 0$。

证明：对于高斯 RBFs $\varphi_k(X) = \exp[-\varepsilon^2 \| X - X^{(k)} \|]$，可以验证

$$A_{lk} = A\varphi_k(X) |_{X=X^{(l)}} \tag{3.48}$$

$$= \left\{2\varepsilon^4 \sum_{i=1}^{d} \sum_{j=1}^{d} a_{ij}\Delta_{ij}^{lk} - 2\varepsilon^2 \sum_{i=1}^{d} b_i [x_i^{(l)} - x_i^{(k)}] - \varepsilon^2 \sum_{i=1}^{d} a_{ii} - r\right\} \varphi_k[X^{(l)}]$$

这里 $\Delta_{ij}^{lk} = [x_i^{(l)} - x_i^{(k)}][x_j^{(l)} - x_j^{(k)}]$，由 A 的定义可知

$$A_{ll} = -\varepsilon^2 \sum_{i=1}^{d} a_{ii} - r = \lambda_0, \text{ for } l = 1, 2, \cdots, N_1 \tag{3.49}$$

$$A_{lk} = 0, \text{ for } l \geqslant N_1 + 1, 1 \leqslant k \leqslant N \tag{3.50}$$

从式(3.50)得出

$$A_{ll} = 0, \sum_{k=1, k \neq l}^{N} | A_{lk} | = 0, \text{ for } l \geqslant N_1 + 1 \tag{3.51}$$

估计 $\sum_{k=1, k \neq l}^{N} | A_{lk} |$，$1 \leqslant l \leqslant N_1$ 的上界，由式(3.48)有

$$\sum_{k=1, k \neq l}^{N} | A_{lk} | \leqslant 2\varepsilon^4 \sum_{i, j=1}^{d} | a_{ij} | \sum_{k=1, k \neq l}^{N} |\Delta_{ij}^{lk} \varphi_k[X^{(l)}]| + 2\varepsilon^2 \sum_{i=1}^{d} | b_i |$$
$$\sum_{k=1, k \neq l}^{N} |[x_i^{(l)} - x_i^{(k)}] \varphi_k[X^{(l)}]| +$$
$$\left(\varepsilon^2 \sum_{i=1}^{d} | a_{ii} | + r\right) \sum_{k=1, k \neq l}^{N} \varphi_k[X^{(l)}] \tag{3.52}$$

类似于估计式(3.52)，进一步有估计

$$\sum_{k=1, k \neq l}^{N} |\Delta_{ij}^{kl} \varphi_k[X^{(l)}]| = (\Delta x)^2 \sum_{k \neq l} \left[| k_i - l_i || k_j - l_j | \prod_{m=1}^{d} e^{-\varepsilon^2 (\Delta x)^2 (k_m - l_m)^2}\right] \leqslant$$
$$(\Delta x)^2 \left[\sum_{k \neq l} (k_i - l_i)^2 | \prod_{m=1}^{d} e^{-\varepsilon^2 (\Delta x)^2 (k_m - l_m)^2}\right]^{1/2}$$
$$\left[\sum_{k \neq l} (k_j - l_j)^2 | \prod_{m=1}^{d} e^{-\varepsilon^2 (\Delta x)^2 (k_m - l_m)^2}\right]^{1/2} \leqslant$$

$$2(\Delta x)^2 p_2(\varepsilon\Delta x)[1+2p_0(\varepsilon\Delta x)]^{d-1} \tag{3.53}$$

$$\sum_{k=1,\ k\neq l}^{N} |[x_i^{(k)} - x_i^{(l)}]\varphi_k[X^{(l)}]| = \Delta x \sum_{k\neq l}\left[|k_i - l_i| \prod_{m=1}^{d} \mathrm{e}^{-\varepsilon^2(\Delta x)^2(k_m-l_m)^2}\right]$$

$$\leqslant 2(\varepsilon\Delta x)p_1(\varepsilon\Delta x)[1+2p_0(\varepsilon\Delta x)]^{d-1} \tag{3.54}$$

$$\sum_{k=1,\ k\neq l}^{N} \varphi_k[X^{(l)}] = \sum_{k\neq l}\left[\prod_{m=1}^{d} \mathrm{e}^{-\varepsilon^2(\Delta x)^2(k_m-l_m)^2}\right] \leqslant \gamma_0(\varepsilon\Delta x) \tag{3.55}$$

这里 $p_k(y)$ 与 $\gamma_0(y)$ 由式(3.44)定义，将式(3.53)~(3.55)代入式(3.52)得到

$$\sum_{k=1,\ k\neq l}^{N} |A_{lk}| \leqslant \varepsilon^2 \eta(\varepsilon\Delta x) \tag{3.56}$$

这里 $l=1, 2, \cdots, N_1$

$$\eta(y) = 4\sum_{i,\ j=1}^{d} |a_{ij}|\, y^2 p_2(y)[1+2p_0(y)]^{d-1} + \tag{3.57}$$

$$4\sum_{i=1}^{d} |b_i|\, y\, p_1(y)[1+2p_0(y)]^{d-1} + \left(\sum_{i=1}^{d} |a_{ii}| + r\right)\gamma_0(y)$$

通过引理 3.2 可知 $\eta(y)$ 单调递减，$y \geqslant \sqrt{2}$，且 $\lim\limits_{y\to\infty}\eta(y) = 0$。运用 Gerschgorin 圆盘定理以及式(3.56)，矩阵 A 的谱落入区域

$$\sum_{\varepsilon,\ \Delta x} = \{z \mid z - \lambda_0 \mid < \varepsilon^2 \eta(\varepsilon\Delta x)\} \cup \{0\}$$

这里 $\lambda_0 = -\varepsilon^2 \sum_{i=1}^{d} a_{ii} - r < 0$，这就是式(3.47)，对于充分大的 ε 满足

$$\eta(\varepsilon\Delta x) < \sum_{i=1}^{d} a_{ii}$$

矩阵 A 的非零特征值落入中心为 $\lambda_0 < 0$，半径为 $\varepsilon^2\eta(\varepsilon)$。

下列定理表明谱 $\lambda(A)$ 落入扇形区域。

定理 3.4 如果 ε 充分大满足 $\eta(\varepsilon\Delta x) \leqslant \kappa \sum_{i=1}^{d} a_{ii}$，$0 < \kappa < 1$，谱 $\lambda(A)$ 落入扇形区域

$$\sum_{\delta(\kappa)} = [z \in C: |\arg(-z)| \leqslant \delta(\kappa)] \tag{3.58}$$

这里 $\delta(\kappa)=\arctan\dfrac{\kappa}{\sqrt{1-\kappa^2}}\in\left(0,\ \dfrac{\pi}{2}\right)$。

证明： 由假设 $\eta(\varepsilon\Delta x)\leqslant\kappa\sum_{i=1}^{d}a_{ii}$，有

$$\varepsilon^2\eta(\varepsilon\Delta x)\leqslant\kappa\left(\varepsilon^2\sum_{i=1}^{d}a_{ii}+r\right)=\kappa|\lambda_0|$$

记 $z=x+\mathrm{i}y$，x，$y\in R$，则圆 $|z-\lambda_0|=\kappa|\lambda_0|$ 表示为

$$f(x,\ y;\ \lambda_0)=(x-\lambda_0)^2+y^2-\kappa^2\lambda_0^2=0$$

可以验证圆的包络为 $f(x,\ y;\ \lambda_0)=0$

$$y=\pm\frac{\kappa x}{\sqrt{1-\kappa^2}}$$

从而有

$$\sum_{\varepsilon,\ \Delta x}\subseteq\sum_{\delta(\kappa)}$$

$$=\left\{z\,|\,\arg(-z)\,|\leqslant\arctan\left(\frac{\kappa}{\sqrt{1-\kappa^2}}\right)=\delta(\kappa)\in\left(0,\ \frac{\pi}{2}\right)\right\}$$

这就说明 $\lambda(A)\subseteq\sum_{\delta(\kappa)}$ 正是定理3.4的结论。

图3-1显示了扇形区域 $\sum_{\delta(\kappa)}$ 与双曲线 Γ(3.16)，设置 Γ 的渐进角宽度 $\mu=13$，参数 $\theta=1.2$，参数 $\kappa=0.3$，从而 $\delta(\kappa)=\arctan\left(\dfrac{\kappa}{\sqrt{1-\kappa^2}}\right)=0.3047$，$\delta(\kappa)+\theta=1.5047<\dfrac{\pi}{2}$，保证距离 $\mathrm{dist}\left(\sum_{\delta(\kappa)},\ \Gamma\right)>0$，$A$ 的所有特征值落入扇形区域 $\sum_{\delta(\kappa)}$。

利用定理3.2与定理3.4，估计 $G=AU^{-1}$ 的谱与 $\|(zI-G)^{-1}\|$ 的上界。

定理3.5 设双曲线 Γ 由式(3.16)定义，$\gamma_0(\varepsilon\Delta x)$ 由式(3.44)定义，$\eta(\varepsilon\Delta x)$ 由式(3.57)定义。假定对于 $\gamma\in(0,\ \zeta)$，$\gamma_0(\varepsilon\Delta x)\leqslant\gamma$，这里 ζ 为充分小常数。假定 $\eta(\varepsilon\Delta x)\leqslant\kappa\sum_{i=1}^{d}a_{ii}$，$0<\kappa<1$。从而谱

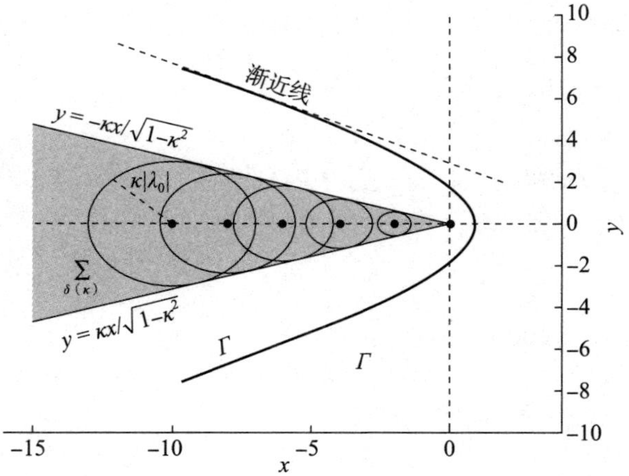

图 3-1 扇形区域 $\sum_{\delta(\kappa)}$ 与双曲线 Γ

$\lambda(G)$ 落入扇形区域 $\sum_{\delta(\kappa)}$，矩阵 G 特征值实部小于零，且

$$\|(zI-G)^{-1}\| \leqslant \frac{1}{\operatorname{dist}\left(\Gamma, \sum_{\delta(\kappa)}\right)}, \quad \forall z \in \Gamma \tag{3.59}$$

这里 $\|\cdot\|$ 为算子范数，且 $\operatorname{dist}\left(\Gamma, \sum_{\delta(\kappa)}\right) = \inf(|z-\xi|, z \in \Gamma, \xi \in \sum_{\delta(\kappa)})$。

证明： 记 $B=U^{-1}$，则 $G=AB$，令

$$Gx=\lambda_G x,\ B\xi_i=\lambda_B^i\xi_i,\ A\eta_j=\lambda_A^j\eta_j$$

这里 λ_G，λ_B^i，λ_A^j 分别表示 G、B、A 的特征值，x、ξ_i、$\eta_j \in R^N$ 分别为对应特征向量，令

$$x = \sum_{i=1}^N \alpha_i\xi_i,\ \xi_i = \sum_{j=1}^N \beta_{ij}\eta_j$$

则

$$\begin{aligned} Gx &= A\sum_{i=1}^N \alpha_i\lambda_B^i\xi_i = \sum_{i=1}^N \alpha_i\lambda_B^i A\xi_i = \sum_{i=1}^N \alpha_i\lambda_B^i \sum_{j=1}^N \beta_{ij}\lambda_A^j\eta_j \\ &= \sum_{j=1}^N \left(\sum_{i=1}^N \alpha_i\lambda_B^i\beta_{ij}\right)\lambda_A^j\eta_j \end{aligned} \tag{3.60}$$

$$\lambda_G x = \lambda_G \sum_{i=1}^{N} \alpha_i \xi_i = \lambda_G \sum_{i=1}^{N} \alpha_i \sum_{j=1}^{N} \beta_{ij} \eta_j = \sum_{j=1}^{N} \left(\lambda_G \sum_{i=1}^{N} \alpha_i \beta_{ij} \right) \eta_j \quad (3.61)$$

由式(3.60)、(3.61)，有

$$\left(\sum_{i=1}^{N} \lambda_B^i \alpha_i \beta_{ij} \right) \lambda_A^j = \lambda_G \sum_{i=1}^{N} \alpha_i \beta_{ij}, \text{ for } j = 1, 2, \cdots, N$$

从而

$$\lambda_G = \frac{\sum_{i=1}^{N} \lambda_B^i \alpha_i \beta_{ij}}{\sum_{i=1}^{N} \alpha_i \beta_{ij}} \lambda_A^j = \vartheta_j \lambda_A^j, \text{ for } j = 1, 2, \cdots, N \quad (3.62)$$

由定理3.2有 $\lambda_B^i \in [(1+\gamma)^{-1}, (1-\gamma)^{-1}]$，$0<\gamma<1$。存在区间$(0, \zeta)$使得对于$\gamma \in (0, \sigma)$保障$\vartheta_j \geqslant 0$，从而$\lambda_A^j$落入扇形区域$\sum_{\delta(\kappa)}$，再由定理3.4得出$\lambda_G$也落入扇形区域$\sum_{\delta(\kappa)}$。

由于$I=(zI-G)^{-1}(zI-G)$有

$$Ix=(zI-G)^{-1}(zI-G)x=(zI-G)^{-1}(z-\lambda_G)x$$

从而

$$\frac{\|(zI-G)^{-1}x\|}{\|x\|} = \frac{1}{|z-\lambda_G|}$$

导致

$$\|(zI-G)^{-1}\| = \sup_{x\neq 0} \frac{\|(zI-G)^{-1}x\|}{\|x\|} = \frac{1}{|z-\lambda_G|} \leqslant \frac{1}{\operatorname{dist}\left(\Gamma, \sum_{\delta(\kappa)}\right)}$$

对于$z \in \Gamma$，$\lambda_G \in \sum_{\delta(\kappa)}$，证毕。

利用定理3.4、定理3.5，得到指数阶收敛定理如下。

定理3.6 令$V_N(\tau, X)$为RBF半离散解(3.21)，令$V_{N,L}(\tau, X)$为RBF算法3.1中的RBF解。记$V_N(\tau)$、$V_{N,L}(\tau)$为$V_N(\tau, X)$、$V_{N,L}(\tau, X)$

的向量形式，在定理 3.4、定理 3.5 的条件下，得到如下误差估计：

$$\| V_N(\tau)-V_{N,L}(\tau) \|_\infty \leqslant O(\mathrm{e}^{-\widehat{R}L}) \tag{3.63}$$

这里 L 为 Laplace 逆变换参数，$\widehat{R}$ 是与 L 无关的正常数。

证明： 由定理 3.4 可知 G 的所有特征值落入扇形区域 $\sum_{\delta(\kappa)}$。由定理 3.5 可知 $\|(zI-G)^{-1}\| \leqslant \dfrac{1}{\operatorname{dist}(\Gamma, \sum_{\delta(\kappa)})}$ 对所有 $z \in \Gamma$ 成立。另外 $\widehat{F}(z)$ 解析有界 $z \in C$，从而精确的 Laplace 逆变换可由式(3.17)表示，进而可以由数值积分公式(3.18)计算。根据文献，数值围线积分方法具有谱收敛特征，这正是式(3.63)的结果。

结合定理 3.1、定理 3.6，可以估计出 RBF 围线积分方法的总体误差 $\| V(\tau, X)-V_{N,L}(\tau, X) \|$，这里 V 为 PDEs(3.1)的真实解，$V_{N,L}$ 为数值解。

定理 3.7　令 $V(\tau, X)$ 为 PDEs(3.1)的解，$V_{N,L}(\tau, X)$ 为 RBF 围线积分解，由算法 3.1 计算而来。记 $V(\tau)$ 和 $V_{N,L}(\tau)$ 分别表示 $V(\tau, X)$ 和 $V_{N,L}(\tau, X)$ 的向量形式。在定理 3.1、定理 3.6 的条件下，下列误差估计

$$\| V(\tau)-V_{N,L}(\tau) \|_\infty \leqslant O[\mathrm{e}^{-\tilde{R}\sqrt{\tilde{C}N^{1/d}}\log(\tilde{C}N^{1/d})}]+O(\mathrm{e}^{-\widehat{R}L})$$

成立，这里 L 为 Laplace 逆变换参数，N 为 RBF 节点个数，$\tilde{C}$ 为正常数，满足条件(3.34)，$\tilde{R}$ 和 $\widehat{R}$ 为正常数，独立于 N 和 L。

证明： 利用范数三角不等式有

$$\begin{aligned}\| V(\tau)-V_{N,L}(\tau) \|_\infty &= \| [V(\tau)-V_N(\tau)]+[V_N(\tau)-V_{N,L}(\tau)] \|_\infty \\ &\leqslant \| V(\tau)-V_N(\tau) \|_\infty + \| V_N(\tau)-V_{N,L}(\tau) \|_\infty\end{aligned}$$

最后由定理 3.1 与定理 3.6 得到证明。

3.4 数值算例

讨论如何决定形状参数 ε 与扇形区域 $\sum_{\delta(\kappa)}$，然后用数值实例说明算法有效性及其收敛性。给定空间剖分 Δx，两个参数 γ 与 κ，需要决定参数 ε 与扇形区域 $\sum_{\delta(\kappa)}$，使其满足条件 $\gamma(\varepsilon\Delta x) \leqslant \gamma$ 与 $a(\varepsilon\Delta x) \leqslant \kappa\sum_{i=1}^{d} a_{ii}$。一个二分算法(算法 3.2) 被提出来优化 ε，使得 $\lambda(U^{-1}) \subset R^{+}$，$\mathrm{Re}[\lambda(G)] < 0$。文献也讨论了如何决定 ε，本书提出的方法更为简单。

算法 3.2　决定形状参数 ε 与扇形区域 $\sum_{\delta(\kappa)}$。

步骤 1. 给定 Δx 与 $0<\gamma<1$，查找 ε_1 使得 $\gamma_0(\varepsilon_1\Delta x)=\gamma$。

步骤 2. 给定 Δx 与 $0 < \kappa < 1$，查找 ε_2 使得 $\eta(\varepsilon_2\Delta x) = \kappa\sum_{i=1}^{d} a_{ii}$。

步骤 3. 运用二分算法寻找优化 $\varepsilon \in [0, \max(\varepsilon_1, \varepsilon_2)]$，使得 $G=AU^{-1}$的特征值满足 $\lambda(U^{-1})>0$。

步骤 4. 给定扇形区域 $\sum_{\delta(\kappa)}$，计算

$$\delta(\kappa)= \arctan\left\{\max_{\lambda(G)\neq 0}\left|\frac{\mathrm{Im}[\lambda(G)]}{\mathrm{Re}[\lambda(G)]}\right|\right\}$$

PDEs(3.1)中参数设置为 $T=1$，$K=1$，$\sigma_i=0.2$，$\rho_{ii}=1$，$\rho_{ij}=0.7$ for $i\neq j$，$a_{ij}=\rho_{ij}\sigma_i\sigma_j$，$\gamma=\kappa=0.9$。使用两个例子说明算法有效性、精度及其收敛性。

例 3.1　具有解析解的高维 PDE(3.1)，令 $D_i = 0.005$，$b_i = 0.05 - D_i - \frac{1}{2}a_{ii}$，$r = \frac{1}{2}\sum_{i=1,\, j=1}^{d} a_{ij} + \sum_{i=1}^{d} b_i + 1$，$d$ - 维 PDE(3.1) 存在解析解

$$V(\tau, X) = \exp\left(-\tau + \sum_{i=1}^{d} x_i\right), \tau > 0, X$$

$$= (x_1, x_2, \cdots, x_d) \in \Omega: = (0, 1)^d$$

测试节点 $X=\{X^{(k)}=[x_1^{(k)}, \cdots, x_d^{(k)}], k=1, \cdots, N=M^d\}$，这里

$$x_i^{(k)} \in [\chi_j=(j-1)/(M-1), j=1, 2, \cdots, M]$$

边界节点设置

$$X_B=[X^{(k)} \in X \mid x_i^{(k)}=0 \text{ or } x_i^{(k)}=1, i=1, 2, \cdots, d]$$

节点个数 $N_1=(M-1)^d$，边界点个数

$$N_2=M^d-(M-1)^d$$

图3－2显示了扇形区域 $\sum_{\delta}$、双曲线 Γ 以及 G 的特征值。从图3－2中看出 G 的所有特征值落入扇形区域 $\sum_{\delta}$ 并且 $\text{dist}(\sum_{\delta(\kappa)}, \Gamma) > 0$。随着 M 的增大，扇形区域 $\sum_{\delta(\kappa)}$ 越来越开阔。

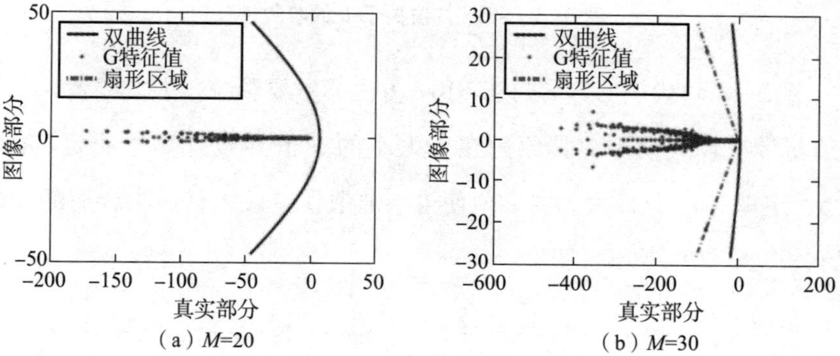

图3-2 扇形区域 $\sum_{\delta}$、双曲线 Γ 以及 G 的特征值

表3-1显示 $L=20$ 时 RBF 围线积分方法的误差，括号中的数字说明随着 M 的增加，数值解是收敛的。尽管计算时间随着维数增加而增长，但是其误差仍然在可接受的范围之内。图3-3展示了围线积分方法的指数收敛阶，这与定理3.6的理论结果保持一致。

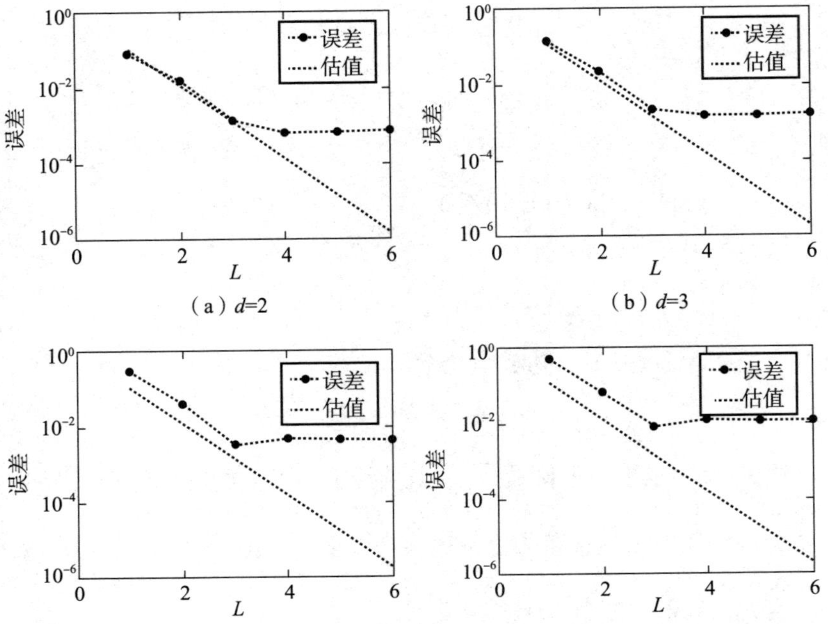

（a）d=2　（b）d=3

（c）d=4　（d）d=5

图 3-3　RBF 方法关于 L 的收敛性

图 3-4(a)表明参数 ε 对于 RBFs 方法有重要影响，太大或者太小的 ε 值将带来较大误差，其原因在于太小的 ε 值导致计算不稳定(定理 3.5、定理 3.6)，而太大的 ε 值使得半离散误差较大，最为合适的 ε 值已在算法 3.2 中予以说明。

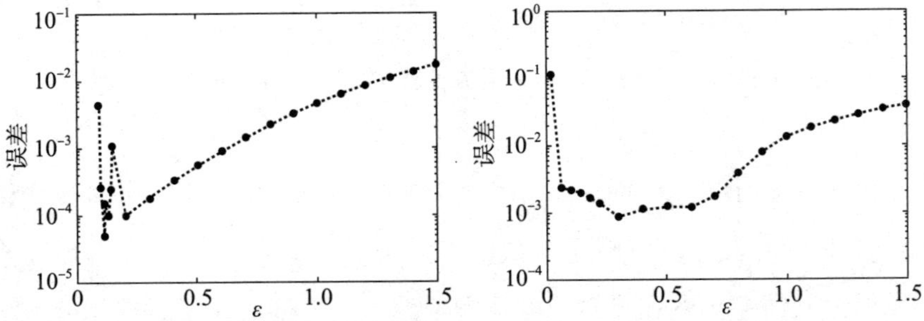

（a）2-维PDEs算法3.1　（b）2-维PDEs算法3.2

图 3-4　ε 值对收敛性的影响

表 3-1　RBF 围线积分方法求解高维 PDEs

d	M	绝对误差	相对误差	CPU 时间（秒）	参数
2	4	9.374×10^{-2}	9.146×10^{-2}	0.01	$\varepsilon=1.900$ $\delta=0.052$ $\theta=1.117$
	5	3.596×10^{-2}	2.181×10^{-2}	0.08	
	6	9.066×10^{-3}	6.221×10^{-3}	0.09	
3	4	1.587×10^{-1}	9.625×10^{-2}	0.02	$\varepsilon=1.800$ $\delta=0.054$ $\theta=1.115$
	5	7.366×10^{-2}	2.110×10^{-2}	0.13	
	6	1.737×10^{-2}	6.427×10^{-3}	0.44	
4	4	3.700×10^{-1}	1.361×10^{-1}	0.13	$\varepsilon=1.700$ $\delta=0.052$ $\theta=1.061$
	5	1.399×10^{-1}	1.974×10^{-2}	1.63	
	6	3.175×10^{-2}	6.424×10^{-3}	14.52	
5	4	7.651×10^{-1}	1.707×10^{-1}	0.61	$\varepsilon=1.600$ $\delta=0.067$ $\theta=1.069$
	5	2.557×10^{-1}	1.779×10^{-1}	32.11	
	6	5.364×10^{-2}	5.931×10^{-3}	186.31	

例 3.2　算术平均支付的多资产期权。本例考察算术平均支付的多资产欧式看跌期权。PDEs(3.1)带初始条件

$$V(0,\ X)=V_0(X)=\left(K-\sum_{i=1}^{d}\alpha_i e^{x_i}\right)^+$$
$$X=(x_1,\ x_2,\ \cdots,\ x_d)\in\Omega:=(-\zeta_L,\ \zeta_R)^d$$

这里 $K>0$ 为敲定价格，$(\cdot)^+=\max\{\cdot,\ 0\}$，$\sum_{i=1}^{d}\alpha_i=1$，$\alpha_i\geqslant0$，$\zeta_L$，$\zeta_R>0$ 为充分大正数，$\sum_{i=1}^{d}\alpha_i e^{x_i}\geqslant K$ for $X\in\partial\Omega$，边界条件取

$$V(\tau,\ X)=V_B(X)=0,\ X\in\partial\Omega$$

测试 RBF 方法，同时与蒙特卡洛方法做比较。

计算中，节点 X 位于多维球体 Ω 中，分为内部节点 X_I 与边界节点 X_B。参数设置为 $D_i=0$，$\zeta_L=3\log 10$，$\zeta_R=\log 3$。表 3-2 列出了

$d=2$、3、4、5 解的情况。在 10^{-3} 量级，CPU 时间分别为 0.10 秒、0.53 秒、22.92 秒、484.87 秒，随着 M 的增加而增加。结果表明 RBF 数值解关于 M 的增加具有指数收敛性。图 3-4(b)表明存在一个最优的 ε 使得误差达到最小。优化参数 $\varepsilon \approx 0.3$ 由算法 3.2 得到。图 3-5 表明 RBF 方法关于 L 是谱阶收敛的，这个结果与定理 3.6 保持一致。图 3-6 比较了 RBF 方法与 MC 方法的计算结果，二者之间误差较小。

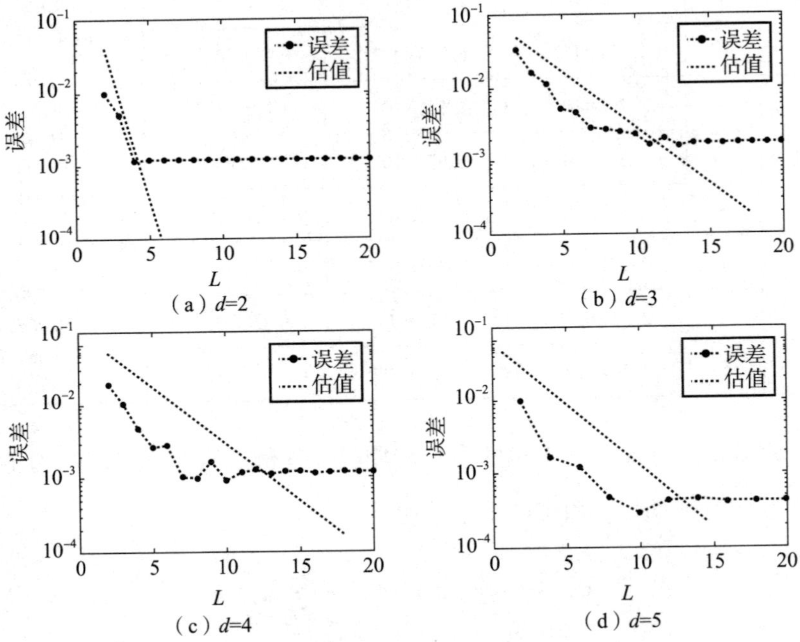

图 3-5　RBF 围线积分方法关于 L 的收敛性

表 3-2　RBF 围线积分方法误差

d	M	绝对误差	相对误差	CPU 时间（秒）	参数
2	4	1.070×10^{-1}	8.081×10^{-2}	0.06	$\varepsilon=0.700$ $\delta=0.089$ $\theta=0.0967$
	5	5.053×10^{-2}	3.812×10^{-2}	0.08	
	6	1.573×10^{-2}	5.432×10^{-3}	0.10	

续表

d	M	绝对误差	相对误差	CPU 时间（秒）	参数
3	4	4.052×10^{-1}	6.771×10^{-2}	0.13	$\varepsilon=0.650$ $\delta=0.188$ $\theta=0.914$
	5	7.659×10^{-2}	1.602×10^{-2}	0.25	
	6	1.853×10^{-2}	3.482×10^{-3}	0.53	
4	4	7.192×10^{-1}	4.145×10^{-1}	0.97	$\varepsilon=0.600$ $\delta=0.271$ $\theta=0.876$
	5	2.631×10^{-1}	1.072×10^{-2}	5.14	
	6	1.382×10^{-2}	3.514×10^{-3}	22.92	
5	4	8.130×10^{-1}	4.286×10^{-1}	20.18	$\varepsilon=0.550$ $\delta=0.364$ $\theta=0.871$
	5	3.720×10^{-1}	1.893×10^{-2}	176.56	
	6	3.044×10^{-2}	1.714×10^{-3}	484.87	

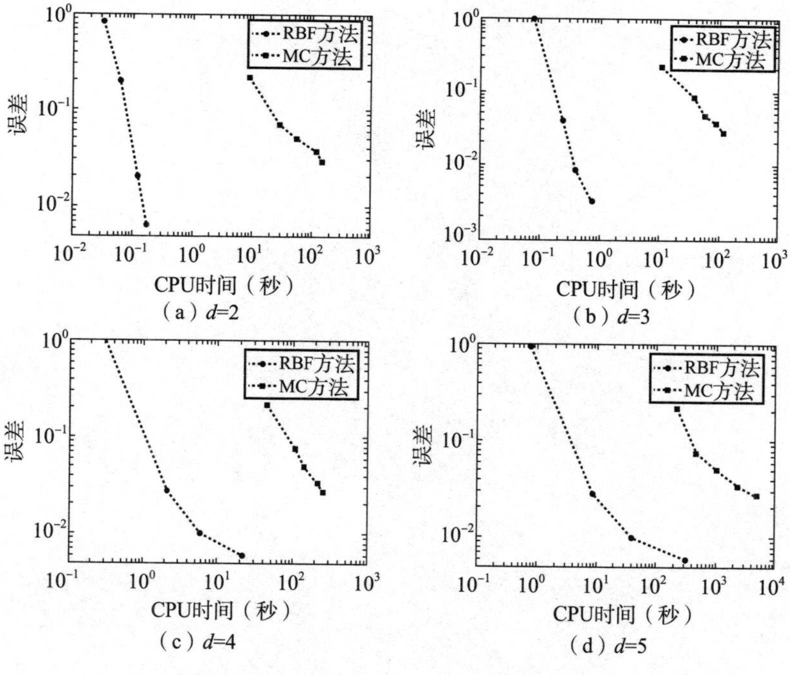

图 3-6 RBF 方法与 MC 方法计算时间与精度比较

3.5 小结

本章给出了一种 RBF 围线积分算法，计算期权定价高维偏微分方程。该方法更加易于实现，数值计算精度优于蒙特卡罗随机模拟。理论与实验表明，RBF 方法关于时间谱阶收敛，关于股票价格离散也是谱阶收敛的。做到谱阶收敛的基本条件是，RBF 离散矩阵特征值落入一个扇形区域，同时还分析了 RBF 形状参数 ε 的优化取法。

4

美式期权的拉普拉斯变换方法

Laplace 变换方法对于固定边界的期权定价(如欧式期权和障碍期权)十分有效，但对带自由边界的美式期权定价有些困难。对美式期权实施拉氏变换的前提是自由边界移动速度很慢，正是这个较强的基本假设导致拉氏逆变换不稳定，期权价值计算结果误差相对较大。

通过对优化边界条件进行对数逼近，自由边界问题转化为固定边界问题，然后实施拉氏变换。本章讨论美式 CEV 的计算原理和实施步骤。数值结果显示新型拉氏变换方法比传统拉氏变换方法具有更高的精度，而二者的计算工作量相当。

4.1 传统拉普拉斯变换方法的缺陷

期权定价的拉氏变换方法最初由 Carr(1998)提出，他将到期日看作随机变量，得到 Laplace-Carson 变换的一种经济学解释。拉氏变换在没有提前行权的期权定价问题中有很好的应用，例如 Pelsser(2000)研究双障碍期权的拉氏变换方法，Davydov(2001)考虑用拉氏变换方法研究 CEV 模型下路径依赖期权的定价和对冲，Sepp(2004)研究双障碍期权的带双指数跳的扩散问题，Cai(2011)则研究欧式期权的混合指数跳模型，Cai(2012)还考虑了亚式期权定价的双指数跳模型。

对美式期权来说，由于允许提前行权，情况比较复杂。众所周知，美式看跌期权的 Black-Scholes-Merton PDE 只有当股价高于执行边界时才成立，拉氏变换一般不能直接实行。Mallier 等(2000)对美式期权关于时间变量实行偏 Laplace 变换，针对每一个 Laplace 变量，其自由界通过求解积分方程获得。该方法具有理论意义，但实际计算的效率不高，事实上 Mallier 等也没有给出计算实例。

一个美式期权拉氏变换的简单计算框架由 Zhu(2006)建立起来，该方法同时对自由边界和 PDE 进行拉氏变换。随后该方法由 Kimura (2008)应用到俄式期权，由 Wong(2013)应用到美式 CEV 模型，由 Leippold 等(2015)推广到带跳美式期权，由 Lu 等(2016)应用到股票借贷模型(本质上是时间依赖的美式期权)。

4.2 CEV 期权模型

假定原生资产价格 t 服从 CEV 模型(Cox，1996)

$$dS_t=(r-q)S_t dt+\delta S_t^{\beta+1}dW_t \tag{4.1}$$

这里 r 表示无风险利率，q 为分红强度，W_t 为标准布朗运动，$\sigma(S)=\delta S^{\beta}$ 表示局部波动率函数，β 解释为 σ 的塑性，$\delta=\sigma(S_0)/S_0^{\beta}$。若 $\beta=0$，则随机微分方程(4.1)变为标准的几何布朗运动(GBM)模型；若 $\beta=1/2$，则随机微分方程(4.1)变为 Cox-Ingersoll-Ross(CIR)模型。

记

$$f(S,t)=\sup_{\tau\in D[0,T]} E[e^{-r(\tau-t)}(K-S_{\tau})^{+}\mid S_t=S] \tag{4.2}$$

为美式看跌期权的价值，这里 S 为股票价格，t 为当前时刻，T 为到期日，K 为敲定价格，$(K-S)^{+}=\max(K-S,0)$ 为支付函数，$D_{[0,T]}$ 为布朗运动的停时集合。为方便起见，做时间变换 $\tau=T-t$，则 τ 表示离到期日的剩余时间。记 $V(S,\tau)\equiv f(S,T-\tau)=f(S,t)$，令 $S_f(\tau)$ 为自由边界(优化行权函数)，则看跌美式期权可由偏微分方程的自由边界问题来求解

$$\frac{\partial V}{\partial \tau}=\frac{1}{2}\delta^2 S^{2\beta+2}\frac{\partial^2 V}{\partial S^2}+(r-q)S\frac{\partial V}{\partial S}-rV,\ S\geqslant S_f(\tau),\ 0\leqslant\tau\leqslant T \tag{4.3}$$

$$V[S_f(\tau),\ \tau]=K-S_f(\tau),\ 0\leqslant\tau\leqslant T \tag{4.4}$$

$$\frac{\partial V[S_f(\tau),\ \tau]}{\partial S}=-1,\ 0\leqslant\tau\leqslant T \tag{4.5}$$

$$\lim_{S\to\infty}V(S,\ \tau)=0,\ 0\leqslant\tau\leqslant T \tag{4.6}$$

$$V(S,\ 0)=\max(K-S,\ 0) \tag{4.7}$$

对任意实数 $\lambda>0$，定义 Laplace-Carson 变换（LCT）如下

$$\widehat{V}(S,\ \lambda)=\int_0^{+\infty}V(S,\ \tau)\lambda e^{-\lambda\tau}d\tau=L_C[V(S,\ \tau)](\lambda)\tau \tag{4.8}$$

作 LC 变换得到常微分方程的边值问题（ODE）

$$\frac{1}{2}\delta^2 S^{2\beta+2}\frac{\partial^2 \widehat{V}}{\partial S^2}+(r-q)S\frac{\partial \widehat{V}}{\partial S}-(\lambda+r)\widehat{V}+\lambda(K-S,\ 0)^+=0,\ S\geqslant \widehat{S}_f(\lambda) \tag{4.9}$$

$$\widehat{V}[\widehat{S}_f(\lambda),\ \lambda]=K-\widehat{S}_f(\lambda) \tag{4.10}$$

$$\frac{\widehat{V}[\widehat{S}_f(\lambda),\ \lambda]}{\partial S}=-1 \tag{4.11}$$

$$\lim_{S\to\infty}\widehat{V}(S,\ \lambda)=0 \tag{4.12}$$

这里 $\widehat{S}_f(\lambda)$为 $S_f(\tau)$的拉氏变换，即 $\widehat{S}_f(\lambda)=L_C[S_f(\tau)](\lambda)$。求出 Laplace 时间域中的期权值 $\widehat{V}(S,\ \lambda)$和优化边界 $\widehat{S}_f(\lambda)$之后，$V(S,\ \tau)$和 $S_f(\tau)$可由数值 Laplace 逆变换得到恢复。

严格地说，拉氏变换直接作用于移动边界条件，其条件是提前执行边界 $S_f(\tau)$的移动速度比起期权价值的扩散效应要小得多（Zhu，2006）。但不幸的是，许多数值计算表明 $S_f(\tau)$在 $\tau=0$ 附近变化剧烈，期权计算值出现较大误差（Wong，2010）。另外 Wong 的方法导致数值逆变换变得十分不稳定。Pun 和 Wong（2013）将数值不稳定性归咎为求解 ODE 过程中特殊函数的计算。

4.3 新型拉氏变换方法

提出一种新的拉氏变换方法求解美式期权定价的自由边界问题，包括美式 CEV 模型、美式 Strangles 期权和分数阶美式期权。新型拉氏变换方法的主要描述如下：首先通过对数逼近优化执行边界 $\tau_f(S)$ [$S_f(\tau)$ 的反函数]，Black-Scholes-Merton 偏微分方程由自由边界问题转化为固定边界问题；然后对固定边界问题实施拉氏变换得到常微分方程；接下来用有限差分方法求解 ODE，并利用边界导数残量最小化方法估计逼近参数；最后利用 Gaver-Stehfest Laplace 逆变换公式(Stehfest，1970)(或者双曲围线积分方法)恢复美式期权价值。

在讨论新型拉氏变换之前，回顾美式期权 CEV 模型(4.1)执行边界的一个特征。Kwok(1998)、Chen 和 hadam(2006)、Xu 和 Knessl(2010)证明了看跌美式期权的自由边界 $S_f(\tau)$ 在 $[0, +\infty)$ 是可微、严格单调递减的凸函数。

$$S_f(0+)=\min(K, rK/q) \tag{4.13}$$

是永久美式期权的边界，永久美式期权价值 $V_\infty(S)$ 满足下列常微分方程

$$\frac{1}{2}\delta^2 S^{2\beta+2}\frac{d^2V_\infty}{dS^2}+(r-q)S\frac{dV_\infty}{dS}-rV_\infty=0,\ S\geqslant S_f(\infty) \tag{4.14}$$

$$V_\infty[S_f(\infty)]=K-S_f(\infty) \tag{4.15}$$

$$\left.\frac{dV_\infty(S)}{dS}\right|_{S=S_f(\infty)}=-1 \tag{4.16}$$

$$\lim_{S\to\infty}V_\infty(S)=0 \tag{4.17}$$

令 $\underline{S}=S_f(\infty)$，$\overline{S}=S_f(0+)=\min(K, rK/q)$，$\tau_f(S)$ 为 $S_f(\tau)$ 的反函数，则 $\tau_f(S)$ 在区间 $(\underline{S}, \overline{S}]$ 上单调递减，且 $\tau_f(\underline{S}+)=\infty$，$\tau_f(\overline{S})=0$。

若股价 S 落在区域 $[0, S_f(\tau)]$ 上，$\tau \in [0, +\infty)$，则看跌美式期权价值 $V(S, \tau)=K-S$，容易验证 PDE

$$\frac{\partial V}{\partial \tau}=\frac{1}{2}\delta^2 S^{2\beta+2}\frac{\partial^2 V}{\partial S^2}+(r-q)S\frac{\partial V}{\partial S}-rV+(rK-qS),\quad S\leqslant S_f(\tau) \tag{4.18}$$

有解析解 $V(S, \tau)=K-S$，式(4.13)和(4.18)有统一形式的 PDE

$$\frac{\partial V}{\partial \tau}=\frac{1}{2}\delta^2 S^{2\beta+2}\frac{\partial^2 V}{\partial S^2}+(r-q)S\frac{\partial V}{\partial S}-rV+(rK-qS)1_{[S\leqslant S_f(\tau)]} \tag{4.19}$$

对 $S \in [0, +\infty)$ 和 $\tau \in [0, +\infty)$ 都成立，这里 $1_{[S\leqslant S_f(\tau)]}$ 为示性函数，$1_{[S\leqslant S_f(\tau)]}$ 的 Laplace-Carson 变换为

$$\begin{aligned} & L_C\{1_{[S\leqslant S_f(\tau)]}\} \\ &= \lambda\int_0^{+\infty} \mathrm{e}^{-\lambda\tau}1_{[S\leqslant S_f(\tau)]}\mathrm{d}\tau = \lambda\int_0^{+\infty} \mathrm{e}^{-\lambda\tau}1_{[\tau\leqslant \tau_f(S)]}\mathrm{d}\tau \\ &= \lambda\int_0^{\tau_f(S)} \mathrm{e}^{-\lambda\tau}\mathrm{d}\tau = -\mathrm{e}^{-\lambda\tau}\Big|_0^{\tau_f(S)} = 1-\mathrm{e}^{-\lambda\tau_f(S)} \end{aligned} \tag{4.20}$$

对 $\tau \in [0, +\infty)$ 总是有 $0\leqslant \underline{S}\leqslant S_f(\tau)$，当 $S \in [0, \underline{S}]$ 时，期权价值总是等于 $K-S$。所以只需在区域 $S \in [\underline{S}, +\infty)$ 上求解，满足条件

$$V(\underline{S}, \tau)=K-\underline{S} \tag{4.21}$$

$$\frac{\partial V(\underline{S}, \tau)}{\partial S}=-1 \tag{4.22}$$

$$\lim_{S\to\infty} V(S, \tau)=0 \tag{4.23}$$

$$V(S, 0)=\max(K-S, 0) \tag{4.24}$$

关于时间变量对方程在区域 $S \in [\underline{S}, +\infty)$ 上作 LC 变换得到 ODE

$$\begin{aligned} &\frac{1}{2}\delta^2 S^{2\beta+2}\frac{\partial^2 \hat{V}}{\partial S^2}+(r-q)S\frac{\partial \hat{V}}{\partial S}-(r+\lambda)\hat{V}+(rK-qS)[1-\mathrm{e}^{-\lambda\tau_f(S)}]+ \\ &\lambda\max(K-S, 0)=0,\quad S\in[\underline{S}, +\infty),\ \lambda\in(0, +\infty) \end{aligned} \tag{4.25}$$

同时对边界条件作 LC 变换有

$$\hat{V}(\underline{S}, \lambda)=K-\underline{S} \tag{4.26}$$

$$\frac{\partial \hat{V}}{\partial S}(\underline{S}, \lambda)=-1 \tag{4.27}$$

$$\lim_{S\to\infty} \hat{V}(S, \lambda)=0 \tag{4.28}$$

执行边界 $\underline{S}$ 和逼近函数 $\tau_f(S)$ 的详细推导过程见步骤(1)和步骤(2)。

步骤(1)：计算 $\underline{S}$ 有解析方法和数值方法两种途径。

解析方法：假定 $\phi(S)$ 是方程的一个解并满足条件，则对任意常数 C

$$V_\infty(S)=C\phi(S)$$

也是方程的解并满足条件。事实上 $\phi(S)$ 称为 ODE 的基函数，应用式(4.26)~(4.28)有

$$C\phi[S_f(\infty)]=K-S_f(\infty), \quad C\frac{\mathrm{d}\phi(S)}{\mathrm{d}S}\bigg|_{S=S_f(\infty)}=-1 \tag{4.29}$$

从而得到非线性代数方程

$$\phi[S_f(\infty)]=[S_f(\infty)-K]\frac{\mathrm{d}\phi(S)}{\mathrm{d}S}\bigg|_{S=S_f(\infty)} \tag{4.30}$$

这里 $S_f(\infty)$ 为未知变量，解出方程得到 $\underline{S}=S_f(\infty)$。

情形 1：$\beta=0$。这是 GBM 模型，函数 $\phi(S)$ 有表达式

$$\phi(S)=S^{-\gamma}, \quad \gamma=\frac{r-q}{\delta^2}-\frac{1}{2}+\sqrt{\left(\frac{r-q}{\delta^2}-\frac{1}{2}\right)^2+\frac{2r}{\delta^2}} \tag{4.31}$$

将上式代入方程得到 $\underline{S}=S_f(\infty)=\dfrac{\gamma K}{1+\gamma}$。

情形 2：$\beta\neq0$。基函数 $\phi(S)$ 有表达式

$$\phi(S)=\begin{cases} S^{\beta+1/2}\mathrm{e}^{\epsilon x(S)/2}W_{\theta,\nu/2}[x(S)], & \beta<0, \ \mu\neq0 \\ S^{\beta+1/2}\mathrm{e}^{\epsilon x(S)/2}M_{\theta,\nu/2}[x(S)], & \beta>0, \ \mu\neq0 \\ S^{1/2}K_\nu[\sqrt{2r}z(S)], & \beta<0, \ \mu=0 \\ S^{1/2}I_\nu[\sqrt{2r}z(S)], & \beta>0, \ \mu=0 \end{cases} \tag{4.32}$$

这里 $M_{\theta,\nu/2}(x)$ 和 $W_{\theta,\nu/2}(x)$ 为 Whittaker 函数，$I_\nu(x)$ 和 $K_\nu(x)$ 为修正 Bessel

函数，$\mu=r-q$，$x(S)=\frac{|\mu|}{\delta^2|\beta|}S^{-2\beta}$，$z(S)=\frac{1}{\delta|\beta|}S^{-\beta}$，$\epsilon=\text{sign}(\mu\beta)$

$$\theta=\epsilon\left(\frac{1}{2}+\frac{1}{4\beta}\right)-\frac{r}{2|\mu\beta|},\ \nu=\frac{1}{2|\beta|}$$

基函数(4.32)的推导与 Davydov(2001)的方法类似。

对表达式(4.32)进行数值求解得到 $\underline{S}=S_f(\infty)(\beta\neq0)$。

对永久美式期权的执行边界 $\underline{S}=S_f(\infty)$ 也可以用有限差分方法近似求解。定义一致网格 $S_j=j\Delta S$，$j=0$，1，…，N，使得 $\overline{S}=S_f(0)=S_{j_*}$，$j_*\in\{1,\cdots,N\}$。于是方程的中心差分离散格式为

$$\left[\frac{\delta^2S_j^{2\beta+2}}{2(\Delta S)^2}-\frac{(r-q)S_j}{2\Delta S}\right]V_{j-1}-\left[\frac{\delta^2S_j^{2\beta+2}}{(\Delta S)^2}+r\right]V_j+\left[\frac{\delta^2S_j^{2\beta+2}}{2(\Delta S)^2}+\frac{(r-q)S_j}{2\Delta S}\right]V_{j+1}=0 \tag{4.33}$$

这里 $j=1$，2，…，$N-1$，$V_j\approx V(S_j)$，$j=1$，…，$N-1$，$V_0=K-\underline{S}$，$V_N=0$。优化执行边界 $\underline{S}$ 可用二分法求解：在区域$[0,\overline{S}]$上二分寻找 S_{j_*} 使其近似成立。

步骤(2)：优化边界 $\tau_f(S)$ 的逼近方法。

如前文分析，$\tau_f(S)$ 在区域$(\underline{S},+\infty)$上是严格单调递减的凸函数，构造 $\tau_f(S)$ 的对数逼近

$$\begin{cases}\tau_f(S)\approx0,\ S\geqslant\overline{S}\\ \tau_f(S)\approx p\left(-\log\dfrac{S-\underline{S}}{\overline{S}-\underline{S}}\right)^{\alpha},\ \underline{S}<S<\overline{S}+\infty\\ \tau_f(S)=+\infty,\ S=\underline{S}\end{cases} \tag{4.34}$$

这里 $p\geqslant0$，$\alpha\geqslant1$ 为待定常数，$\alpha\geqslant1$ 保证逼近函数具有凸性。逼近也可以取另外的形式，如对数多项式

$$\tau_f(S)\approx0,\ S\geqslant\overline{S}$$

$$\tau_f(S) \approx \sum_{l=1}^{n} p_l \left(-\log \frac{S-\underline{S}}{\overline{S}-\underline{S}}\right)^l, \quad \underline{S} < S < \overline{S} \tag{4.35}$$

$$\tau_f(S) = +\infty, \quad S = \underline{S}$$

这里$\{p_l\}(l=1, 2, \cdots, n)$为待定常数。从理论上说，$n$越大，多项式的项数越多，自由边界的逼近误差越小。但从计算的角度来看，n太大会增加系数的确定计算工作，计算经验表明一般$n \leqslant 4$是可以接受的。

现在对方程进行离散求解。定义一致网格$S_j = \underline{S} + j\Delta S$，$j=0, 1, \cdots, N$，这里$S_N = S_{\max}$，$S_{\max}$取充分大实数使得$\hat{V}(S_{\max}, \lambda) \approx 0$。式(4.25)、(4.26)和(4.28)的有限差分格式为

$$A(\lambda)\hat{V}(\lambda) = g(\lambda) \tag{4.36}$$

这里$A(\lambda)$、$\hat{V}(\lambda)$和$g(\lambda)$由表达式给出

$$A(\lambda) = \begin{bmatrix} 1 & 0 & 0 & 0 & \cdots & 0 \\ a_1 & b_1 & c_1 & 0 & \cdots & 0 \\ 0 & a_2 & b_2 & c_2 & \cdots & 0 \\ 0 & 0 & \ddots & \ddots & \ddots & \vdots \\ 0 & 0 & \cdots & a_{N-1} & b_{N-1} & c_{N-1} \\ 0 & 0 & \cdots & 0 & 0 & 1 \end{bmatrix} \tag{4.37}$$

$$\hat{V}(\lambda) = (\hat{V}_0, \hat{V}_1, \cdots, \hat{V}_N)' \tag{4.38}$$

$$g(\lambda) = (g_0, g_1, \cdots, g_N)' \tag{4.39}$$

这里

$$\begin{cases} a_j = \dfrac{\delta^2 S_j^{2\beta+2}}{2(\Delta S)^2} - \dfrac{(r-q)S_j}{2\Delta S} \\ b_j = \dfrac{\delta^2 S_j^{2\beta+2}}{(\Delta S)^2} - (r+\lambda) \\ c_j = \dfrac{\delta^2 S_j^{2\beta+2}}{2(\Delta S)^2} + \dfrac{(r-q)S_j}{2\Delta S} \end{cases} \tag{4.40}$$

$$\begin{cases} g_0=K-\underline{S},\ g_N=0 \\ g_j=-\lambda\max(K-S_j,\ 0)-(rK-dS_j)\left[1-\mathrm{e}^{-\lambda\tau_f(S_j)}\right] \end{cases} \tag{4.41}$$

上式中下标$j=1$，…，$N-1$。记$a(\lambda)$为$A^{-1}(\lambda)$的第二行，则$a(\lambda)$可通过求解如下线性系统获得

$$a(\lambda)A(\lambda)=(0,\ 1,\ 0,\ 0,\ \cdots,\ 0) \tag{4.42}$$

从而应用逼近

$$\widehat{V}(S_1,\ \lambda)=a(\lambda)g(\lambda;\ p,\ \alpha) \tag{4.43}$$

同理，应用逼近

$$\widehat{V}(S_1,\ \lambda)=a(\lambda)g(\lambda;\ p_1,\ \cdots,\ p_n) \tag{4.44}$$

接下来寻找参数p、α或者$\{p_k\}$，使得粘结性条件对所有$\lambda>0$都成立。实际可行的操作是取实数序列λ_1，λ_2，…，λ_m，并优化下列残量之和

$$\sum_i\left[\frac{\partial\widehat{V}}{\partial S}(\underline{S},\ \lambda_i)-(-1)\right]^2\approx\sum_{i=1}^{m}\left[\frac{\widehat{V}(S_1,\ \lambda_i)-(K-S_0)}{\Delta S}+1\right]^2 \tag{4.45}$$

将式(4.43)代入式(4.45)，得到如下离散优化问题

$$\min_{p\geqslant 0,\ \alpha\geqslant 1}\sum_{i=1}^{m}\left[\frac{a(\lambda_i)g(\lambda_i;\ p,\ \alpha)-(K-S_0)}{\Delta S}+1\right]^2 \tag{4.46}$$

来决定逼近的参数p和α。同理，将式(4.43)代入式(4.44)，通过求解优化问题

$$\min_{p_k\geqslant 0}\sum_{i=1}^{m}\left[\frac{a(\lambda_i)g(\lambda_i;\ p_1,\ \cdots,\ p_n)-(K-S_0)}{\Delta S}+1\right]^2$$

来决定逼近的参数。

注 4.1 在实际优化计算过程中，可以用p^2代替参数p，用α^2代替参数α，从而将带约束优化问题转化为无约束优化问题来求解，计算相对简单。同理，在约束优化问题中，一般用$1+p_k^2$来代替参数p_k，使

之转化为无约束优化问题。

实施步骤(1)和步骤(2)后，通过求解 $\tau_f(S)$ 的反函数可以得到优化执行边界 $S_f(\tau)$。同时求解线性系统(4.36)得到

$$\hat{V}(\lambda)=[\hat{V}(S_0,\lambda),\ \hat{V}(S_1,\lambda),\ \cdots,\ \hat{V}(S_N,\lambda)]'$$

最后采用数值 Laplace 逆变换恢复美式期权

$$V(S_j,\tau)=L^{-1}[\hat{V}(S_j,\lambda)/\lambda],\ j=0,\ 1,\ \cdots,\ N \tag{4.47}$$

节点 S_j 之外的期权值 $V(S,\tau)$ 可用插值算法求出。

得到广泛应用的数值 Laplace 逆算法 Gaver-Stehfest(GS)公式如下

$$f(t)=\frac{\ln 2}{t}\sum_{k=1}^{L}C_k^{(L)}\hat{f}\left(\frac{k\ln 2}{t}\right) \tag{4.48}$$

这里

$$C_k^{(L)}=(-1)^{k+L/2}\sum_{j=(k+1)/2}^{\min(k,L/2)}\frac{j^{L/2}(2j)!}{(L/2-j)!\,j!\,(j-1)!\,(k-j)!\,(2j-k)!} \tag{4.49}$$

L 需取正偶数。另外，Laplace 逆变换也可以采用围线积分公式，该积分公式具有指数收敛性质。最后将美式 CEV 期权的新型拉氏变换(NLTM)总结在算法 4.1 中。

算法 4.1 美式 CEV 期权的新型拉氏变换。

步骤 1. 应用式(4.30)~(4.32)或者算法 4.1 计算永久美式期权的执行边界 $\underline{S}$。

步骤 2. 通过求解优化问题(4.34)和(4.45)或者(4.35)和(4.46)，计算边界 $\tau_f(S)$。

步骤 3. 数值求解线性系统获得 $\hat{V}(\lambda)$。

步骤 4. 应用数值 Laplace 逆 GS 公式(4.48)和(4.49)恢复美式期权 $V(S,\tau)$。

4.4　数值算例

用数值算例说明新型拉氏变换方法(NLTM)计算美式CEV期权的有效性。可将NLTM的数值结果与标准有限差分方法(FDM)、传统拉氏变换方法(LTM)(Wong，2011)作比较。参数设定为 $T=2$(year)，$r=0.05$，$q=0$，$S_{\max}=2K$，$3K$，K 为敲定价格。对FDM时空剖分为 $N=2000$，$\Delta t=T/2000$。实数序列 $\{\lambda_i\}=1+3i/m$，$m=4$。Matlab优化函数fminsearch用来搜索最优参数 p，α 或者 $\{p_l\}$ $(l=1, 2, \cdots, n)$。在所有表格和图示中，NLTM-1代表使用逼近式(4.34)的NLTM；NLTM-2代表使用逼近式(4.35)的NLTM。软件和计算机配置如下：Intel(R) Core (TM) i5-4200，CPU@2.5GHz，4.00GB RAM。

本算例计算GBM模型($\beta=0$)美式CEV期权的价值和优化执行边界，并与其他方法进行比较。

表4-1列出了时刻 $t=0$($\tau=T$)的美式期权价值，初始股价 $S_0=40$，敲定价格 K，波动率 $\sigma_0=\sigma(S_0)$ 取不同水平。括号中的相对误差(RE)取期权拉氏变换计算值与FDM之间的绝对误差除以FDM的结果。从表4-1可以看出，NLTMs与FDM的期权计算值非常接近，相对误差小于1%，而LTM与FDM的相对误差基本在1%以上。

图4-1显示了由不同方法计算的优化执行边界条件，可以看到NLTM-1、NLTM-2和FDM计算的自由边界十分接近，而传统LTM与FDM的计算结果偏差较大。观察表4-1中最后一行，NLTMs和LTM比起FDM的CPU时间消耗要小得多。

表4-2列出了不同网格剖分 N 下的期权计算结果，可以看到，随着 N 的增加，RE越来越小，说明NLTMs是收敛的。

表4-3列出了数值拉氏逆变换取不同离散节点 L 时，NLTMs和

LTM 的期权价值和执行边界。从表 4-3 可以看出拉氏变换方法 NLTMs 具有很好的稳定性，即使在 $L=18$ 时，NLTM-1 的价值 $V=3.1120$ 仍然与 FDM 的解 $V=3.0884$ 接近，然而 LTM 的价值 $V=-895.93646$ 与 FDM 的结果相去甚远。另外，NLTMs 的优化边界无须进行数值拉氏逆变换。这些结果说明拉氏逆变换对于固定边界问题的处理要优于对移动边界问题的求解（Wong，2010）。

表 4-1 时刻 $t=0(\tau=T)$ 的美式期权价值

K RE(%)	$\sigma_0=0.2$，$S_{max}=2K$				$\sigma_0=0.4$，$S_{max}=3K$			
	NLTM-1	NLTM-2	LTM	FDM	NLTM-1	NLTM-2	LTM	FDM
30	0.3991	0.4013	0.3898	0.3967	2.8227	2.8324	2.7738	2.8131
RE(%)	(0.63)	(1.17)	(1.73)	—	(0.34)	(0.69)	(1.40)	—
35	1.3024	1.3074	1.2711	1.2966	4.7604	4.7747	4.6737	4.7460
RE(%)	(0.45)	(0.84)	(1.96)	—	(0.30)	(0.61)	(1.52)	—
40	3.1016	3.1081	3.0266	3.0888	7.2164	7.2359	7.0804	7.1959
RE(%)	(0.41)	(0.62)	(2.02)	—	(0.29)	(0.56)	(1.60)	—

注：初始股价 $S_0=40$，敲定价格 K 和波动率 $\sigma_0=\sigma(S_0)=0.2$，0.4，数值 Laplace 逆变换的离散节点数量 $L=8$。

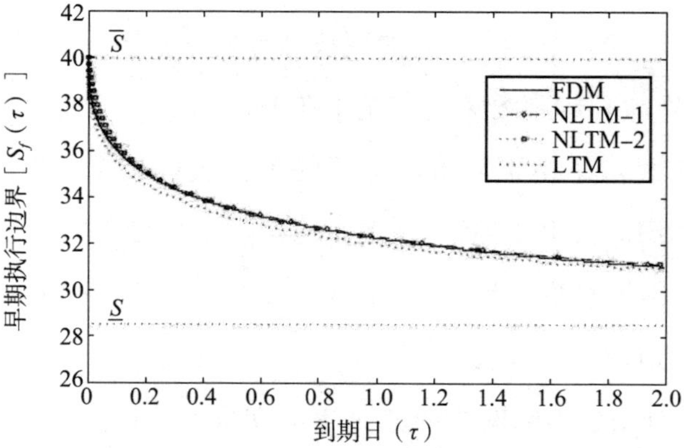

图 4-1 美式 CEV 期权执行边界与剩余到期日之间的关系

表 4-2 拉氏变换方法(NLTMs)在不同网格剖分下计算美式期权在时刻 $t=0(\tau=T)$ 的价值

N	$\sigma_0=0.2$，$S_{max}=2K$					
	NLTM-1	ERR	RE(%)	NLTM-2	ERR	RE(%)
500	3. 1425	0. 0537	1. 74	3. 1489	0. 0601	1. 95
1000	3. 1153	0. 0265	0. 86	3. 1223	0. 0335	1. 08
2000	3. 1016	0. 0128	0. 42	3. 1081	0. 0193	0. 62
3000	3. 0971	0. 0083	0. 27	3. 1036	0. 0148	0. 48
4000	3. 0949	0. 0061	0. 20	3. 1015	0. 0127	0. 41
5000	3. 0935	0. 0047	0. 15	3. 1001	0. 0113	0. 37
N	$\sigma_0=0.4$，$S_{max}=3K$					
	NLTM-1	ERR	RE(%)	NLTM-2	ERR	RE(%)
500	7. 2759	0. 0800	1. 11	7. 2976	0. 1017	1. 41
1000	7. 2362	0. 0403	0. 56	7. 2550	0. 0591	0. 82
2000	7. 2164	0. 0205	0. 29	7. 2359	0. 0400	0. 56
3000	7. 2099	0. 0140	0. 19	7. 2287	0. 0328	0. 46
4000	7. 2066	0. 0107	0. 15	7. 2257	0. 0298	0. 40
5000	7. 2045	0. 0086	0. 12	7. 2239	0. 0280	0. 39

注：股票初始价格 $S_0=40$，敲定价格 $K=40$，波动率 $\sigma=0.2$，0.4。数值 Laplace 逆变换的离散节点数量 $L=8$。FDM 计算期权价值 $\sigma_0=0.2$ 时为 3.0888，$\sigma_0=0.4$ 时为 7.1959。

表 4-3 美式期权在时刻 $t=0(\tau=T)$ 的价值

L	Prices			LTM boundary
	NLTM-1	NLTM-2	LTM	
6	3. 11810626	3. 11793469	3. 0279682	31. 132386
8	3. 11435584	3. 11384222	3. 0266571	30. 304756
10	3. 11436295	3. 11376055	2. 9699055	30. 381552
12	3. 11439749	3. 11376926	3. 6048629	31. 478110
14	3. 11441276	3. 11377547	2. 4189963	21. 676010
16	3. 11438779	3. 11375561	6. 5559540	36. 875528
18	3. 11204814	3. 11129020	−895. 93646	193. 48429

注：参数 $K=40$，$\sigma_0=0.2$，L 取不同值。其他参数保持一致。FDM 期权值 $V(S_0, 0)=3.0884$，优化执行边界 $S_f(T)=31.0556$。NLTM-1 和 NLTM-2 优化执行边界分别为 31.1580 和 31.1917。

表 4-4　美式 CEV 期权在 $t=0(\tau=T)$ 时刻的价值

β	$\sigma_0=0.2$, $S_{max}=2K$			
	NLTM-1	NLTM-2	LTM	FDM
-0.75	3.0611	3.0645	2.9923	3.0488
RE(%)	(0.40)	(0.52)	(1.85)	—
-0.50	3.0727	3.0773	3.0029	3.0608
RE(%)	(0.39)	(0.54)	(1.89)	—
-0.25	3.0855	3.0910	3.0156	3.0742
RE(%)	(0.37)	(0.55)	(1.91)	—
0.25	3.1153	3.1228	3.0380	3.1049
RE(%)	(0.33)	(0.57)	(2.16)	—
0.50	3.1323	3.1404	3.0580	3.1225
RE(%)	(0.31)	(0.57)	(2.07)	—
0.75	3.1510	3.1603	3.0751	3.1416
RE(%)	(0.30)	(0.59)	(2.12)	—
β	$\sigma_0=0.4$, $S_{max}=3K$			
	NLTM-1	NLTM-2	LTM	FDM
-0.75	7.1551	7.1528	7.0583	7.1538
RE(%)	(0.02)	(0.01)	(1.34)	—
-0.50	7.1730	7.1714	7.0598	7.1564
RE(%)	(0.23)	(0.21)	(1.35)	—
-0.25	7.1820	7.1714	7.0598	7.1564
RE(%)	(0.16)	(0.17)	(1.43)	—
0.25	7.2517	7.2727	7.1215	7.2312
RE(%)	(0.28)	(0.57)	(1.52)	—
0.50	7.2947	7.3170	7.1644	7.2742
RE(%)	(0.28)	(0.59)	(1.51)	—
0.75	7.3398	7.3640	7.2223	7.3199
RE(%)	(0.27)	(0.60)	(1.33)	—

注：参数 $S_0=40$，$K=40$，初始波动率 $\sigma_0=\sigma(S_0)=0.2$，0.4，黏塑性系数 $\beta=\pm0.25$，±0.5，±0.75。数值 Laplace 逆公式中的离散节点个数取 $L=8$。

表 4-5 拉氏变换方法(NLTM)在不同网格剖分下计算 CEV 美式期权在 $t=0(\tau=T)$ 时刻的价值

N	$\sigma_0=0.2$，$S_{max}=2K$					
	NLTM-1	ERR	RE(%)	NLTM-2	ERR	RE(%)
500	3.1724	0.4499	1.60	3.1805	0.0580	1.86
1000	3.1470	0.0245	0.78	3.1557	0.0332	1.06
2000	3.1341	0.0116	0.37	3.1422	0.0197	0.63
3000	3.1299	0.0074	0.24	3.1385	0.0160	0.51
4000	3.1278	0.0053	0.17	3.1360	0.0135	0.43
5000	3.1265	0.0040	0.13	3.1347	0.0122	0.39
N	$\sigma_0=0.4$，$S_{max}=3K$					
	NLTM-1	ERR	RE(%)	NLTM-2	ERR	RE(%)
500	7.3461	0.0719	0.99	7.3695	0.0953	1.31
1000	7.3118	0.0376	0.52	7.3351	0.0609	0.84
2000	7.2947	0.0205	0.28	7.3170	0.0428	0.59
3000	7.2890	0.0148	0.20	7.3123	0.0381	0.52
4000	7.2858	0.0116	0.16	7.3095	0.0353	0.49
5000	7.2844	0.0102	0.14	7.3075	0.0336	0.46

注：参数 $\beta=0.5$，初始股票价格 $S_0=40$，敲定价格 $K=40$，初始波动率 $\sigma_0=\sigma(S_0)=0.2$，0.4。数值 Laplace 逆公式中的离散节点个数取 $L=8$。FDM 的期权价值对 $\sigma_0=0.2$ 为 3.1225，对 $\sigma_0=0.4$ 为 7.2742。

4.5 小结

根据美式期权最优执行边界的严格单调性特征，新型拉氏变换方法通过对数逼近将自由边界问题转化为固定边界问题。本章具体给出了美式 CEV 期权的计算原理和实现步骤。新型拉氏变换方法的计算框架得到清晰呈现：计算永久美式期权的执行边界→设定自由边界函数的对数逼近形式→通过残量最小化确定逼近参数→实施数值 Laplace 逆变换恢复期权价值。相比有限差分格式，新型拉氏变换方法计算速度快 10~20 倍；相较于传统拉氏变换方法，新型拉氏变换方法具有精度高、稳定性能好的优势。

目前新型拉氏变换方法的思想是首次提出，具有很好的应用前景。理论上说，只要带自由边界的美式期权 PDE(s)可以统一写成固定边界形式，新型拉氏变换方法就可以直接应用。可进一步研究美式带跳期权、美式多状态转移期权和股票借贷期权等。

5

Lévy过程鲁棒柳树方法

5.1 引言

经典的 Black-Scholes 模型假定标的资产价格服从几何布朗运动（GBM），但是许多实证研究表明资产价格具有跳扩散特征（Eberlin，1998；Eraker，2003）。这些实证结果建议使用 Lévy 过程描述股价运动，如跳扩散模型（1976）、双指数跳扩散模型（2002）、CGMY 模型（2005）、方差伽玛模型（1998）、正态逆高斯模型（1998）等应运而生。不像 GBM 模型具有显示密度函数，Lévy 动力系统只有显示的特征函数，这给期权定价与风险管理带来挑战。

本章主要贡献如下：

（1）在柳树结构中，发展一种修正的梯形积分公式计算柳树节点和转移概率。该积分方法克服了特征函数高振荡困难，理论分析表明概率转移积分算法具有 2 阶收敛性。

（2）证明了所构建的柳树算法关于时间离散具有 1 阶收敛性，无须计算 Lévy 测度的 5 阶矩。

5.2 Lévy 过程

令 S_t 为标的资产在时刻 t 的价格，假定它服从指数 Lévy 过程

$$S_t = S_0 e^{X_t} = S_0 e^{\left(r+\omega-\frac{1}{2}\sigma^2\right)t+\sigma W_t+L_t} \tag{5.1}$$

这里 X_t 是随机过程，由随机微分方程控制

$$dX_t = \left(r+\omega-\frac{1}{2}\sigma^2\right)dt+\sigma dW_t+dL_t \tag{5.2}$$

这里 r 为无风险利率，$\omega=-\psi_{L_t}(-\mathrm{i})$ 为校正参数，$\psi_{L_t}(u)$ 为 Lévy 过程特征函数，L_t 表示 Lévy 过程，$\mathrm{i}=\sqrt{-1}$，σ 是常数波动率，W_t 为布朗运动。给定 L_t 的特征函数或者特征指数，对应 X_t 可由下列定理决定。

定理 5.1 假定布朗运动 W_t 独立于跳过程 L_t，其特征函数为 $\varphi_{L_t}(u)$，则 X_t 的特征函数 $\varphi_{X_t}(u)$ 可表示为

$$\varphi_{X_t}(u)=\varphi_{L_t}(u)\mathrm{e}^{-\frac{1}{2}\sigma^2u^2t+\mathrm{i}u\left(r+\omega-\frac{1}{2}\sigma^2\right)t} \tag{5.3}$$

类似地，特征指数 $\psi_{X_t}(u)\equiv\frac{1}{t}\log\varphi_{X_t}(u)$ 可表示为

$$\psi_{X_t}(u)=\psi_{L_t}(u)+\mathrm{i}u\left(r+\omega-\frac{1}{2}\sigma^2\right)-\frac{1}{2}\sigma^2u^2 \tag{5.4}$$

L_t(含 MJD、DEJD、VG 或 CGMY)模型列在表 5-1 中，X_t 的特征函数可以由定理 5.1 导出。根据特征函数给出柳树方法的构造。

表 5-1 Lévy 测度

模型	测度和功能	参数
VG	$v(x)=\begin{cases}\dfrac{C\mathrm{e}^{-G\|x\|}}{\|x\|}, & x<0\\ \dfrac{C\mathrm{e}^{-Mx}}{x}, & x>0\end{cases}$ $\phi_{L_t}(u)=\left(\dfrac{1}{1-\mathrm{i}\theta vu+\frac{1}{2}\sigma_J^2u^2v}\right)^{\frac{t}{v}}$	$C=\dfrac{1}{v}$，$G=\dfrac{1}{\eta^-}$，$M=\dfrac{1}{\eta^+}$ $\eta_\pm=\sqrt{\dfrac{\theta^2v^2}{4}+\dfrac{\theta^2v}{2}}\pm\dfrac{\theta v}{2}$
CGMY	$v(x)=\begin{cases}\dfrac{C\mathrm{e}^{-G\|x\|}}{\|x\|^{1+Y}}, & x<0\\ \dfrac{C\mathrm{e}^{-Mx}}{x^{1+Y}}, & x>0\end{cases}$ $\phi_{L_t}(u)=\exp\{C_t\Gamma(-Y)[(M-\mathrm{i}u)^2-M^2+(G+\mathrm{i}u)^Y-G^Y]\}$	$C>0$，$G\geqslant0$ $M\geqslant0$，$Y<2$
NIG	$v(x)=\dfrac{\sqrt{\mu^2+\frac{\sigma^2}{v}}}{2\pi\sigma\sqrt{v}}\dfrac{\mathrm{e}^{\frac{\mu x}{\sigma^2}}}{\|x\|}K_1\left(\sqrt{\mu^2+\frac{\sigma^2}{v}}\dfrac{\|x\|}{\sigma^2}\right)$ $\phi_{L_t}(u)=\exp\{-\eta t[\sqrt{\alpha^2-(\beta+\mathrm{i}u)^2}+\sqrt{\alpha^2-\beta^2}]\}$	$\beta=\dfrac{\mu}{\sigma^2}$，$\eta=\dfrac{\sigma}{\sqrt{v}}>0$ $\alpha^2=\beta^2+\dfrac{1}{\sigma^2v}$，$\alpha>0$

续表

模型	测度和功能	参数
MJD	$v(x)=\frac{\lambda}{\sqrt{2\pi}\sigma_J}\exp\left[-\frac{(x-\alpha_J)^2}{2\sigma_J^2}\right]$ $\phi_{L_t}(u)=\exp\{\lambda t[e^{iu\alpha_J-\frac{1}{2}u^2\sigma_J^2}-1]\}$	$\lambda>0$，$\sigma_J>0$
DEJD	$v(x)=\lambda[p\eta_1 e^{-\eta_1 x}\mid_{x\geqslant 0}+(1-p)\eta_2 e^{-\eta_2 x}\mid_{x<0}]$ $\phi_{L_t}(u)=\exp\left\{\lambda t\left[\frac{p\eta_1}{\eta_1-iu}+\frac{(1-p)\eta_2}{\eta_2+iu}-1\right]\right\}$	$\lambda>0$，$0\leqslant p\leqslant 1$ $\eta_1>0$，$\eta_2>0$

5.3 柳树方法

如图 5-1 所示，构建柳树方法有两个主要步骤。一是选择离散节点 $X_i^n(i=1,2,3,\cdots,m)$，即 X_t 在 t_n 时刻产生 m 个离散价格；二是计算转移概率 p_{ij}^n，从 X_i^n 到 X_j^{n+1}，这里 $0=t_0<t_1<t_2<\cdots<t_N=T$，$t_n=n\Delta t$，$\Delta t=T/N$，$n=1,2,\cdots,N$。

首先，选择离散对$\{(X_i^n,\ \hat{p}_i^n)\}(i=1,2,\cdots,m)$逼近 X_t，在时刻 t_n 的逼近分布 X_t 的累积函数定义如下

$$F_{X_t}(X_i^n)=\int_{-\infty}^{X_i^n}f_{X_t}(x)\,dx\approx\sum_{j=1}^{i}\hat{p}_j^n,\ i=1,2,\cdots,m \tag{5.5}$$

这里 f_{X_t} 为 X_t 在 t_n 时刻的概率密度函数。指定离散概率$\{\hat{p}_i^n\}$，数值求解式(5.5) 获得离散值$\{X_i^n\}$。如果积分 $\int_{-\infty}^{X_i^n}f_{X_t}(x)\,dx$ 能够被准确方便计算，S_t 也能够相应被计算出来。

接下来计算转移概率 p_{ij}^n，从连续相邻时间 t_n 到 t_{n+1}，

$$p_{ij}^n=P(A_j^{n+1}\leqslant X^{n+1}\leqslant A_{j+1}^{n+1}\mid X^n=X_i^n)=\int_{A_j^{n+1}}^{A_{j+1}^{n+1}}f_{\Delta X}(x\mid X_i^n)\,dx \tag{5.6}$$

这里 $A_j^{n+1}=\frac{1}{2}(X_{j-1}^{n+1}+X_j^{n+1})$，$f_{\Delta X}(x\mid X_i^n)$ 为 X^{n+1} 的条件密度函数，给定

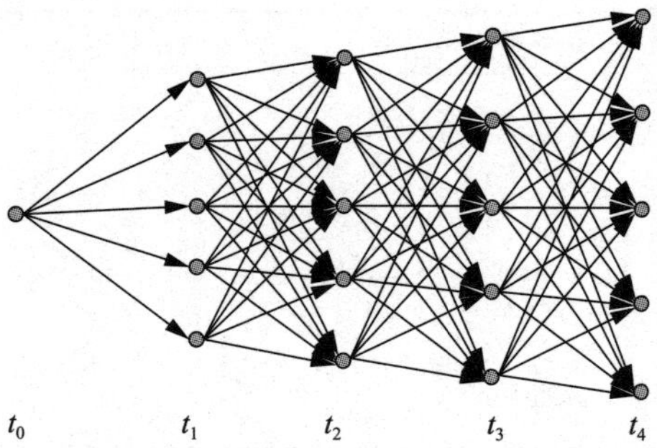

图 5-1　柳树结构示意图

$X^n=X_i^n$，为了简化记$f_{\Delta X}(x \mid X_i^n)$为$f_{\Delta X}(x)$。

柳树构造的关键是计算$\int_{-\infty}^{X_i^n} f_{X_t}(x)\,\mathrm{d}x$与$\int_{A_j^{n+1}}^{A_{j+1}^{n+1}} f_{\Delta X}(x)\,\mathrm{d}x$。在特征函数给定的情形下，同时计算条件概率从$X_i^n$到$X_{t_{n+1}}$。接下来重点关注如何计算积分$\int_{A_j^{n+1}}^{A_{j+1}^{n+1}} f_{\Delta X}(x)\,\mathrm{d}x$。

5.3.1　数值积分计算转移概率

给定X_t，条件特征函数$\varphi_{\Delta X}(u)$能够被定理 5.1 确定。条件密度函数具有形式

$$f_{\Delta X}(x)=\frac{1}{2\pi}\int_{-\infty}^{+\infty}\mathrm{e}^{-ixu}\varphi_{\Delta X}(u)\,\mathrm{d}u=\Re\left\{\frac{1}{\pi}\int_0^{+\infty}\mathrm{e}^{-thbfixu}\varphi_{\Delta X}(u)\,\mathrm{d}u\right\}$$

从而转移概率可以表示为

$$\begin{aligned} p_{ij}^n &= P(A_j^{n+1}\leqslant X^{n+1}\leqslant A_{j+1}^{n+1} \mid X^n=X_i^n) \\ &= \Re\left\{\frac{1}{\pi}\int_{A_j^{n+1}}^{A_{j+1}^{n+1}}\left[\int_0^{+\infty}\mathrm{e}^{-ixu}\varphi_{\Delta X}(u)\,\mathrm{d}u\right]\mathrm{d}x\right\} \end{aligned} \tag{5.7}$$

交换积分变量x与u得到

$$p_{ij}^n=\Re\left\{\frac{1}{\pi}\int_0^{+\infty}\left[\int_{A_j^{n+1}}^{A_{j+1}^{n+1}}\mathrm{e}^{-ixu}\mathrm{d}x\right]\varphi_{\Delta X}(u)\,\mathrm{d}u\right\} \tag{5.8}$$

$$= \Re\left\{-\frac{1}{\pi i}\int_0^{+\infty}\frac{1}{u}(\mathrm{e}^{-iuA_{j+1}^{n+1}}-\mathrm{e}^{-iuA_j^{n+1}})\,\mathrm{e}^{iu(r+\omega-\frac{1}{2}\sigma^2)\Delta t-\frac{1}{2}\sigma^2u^2\Delta t}\varphi_{\Delta L}(u)\mathrm{d}u\right\}r \tag{5.9}$$

$$= \Re\left\{-\frac{1}{\pi i}\int_0^{+\infty}(\mathrm{e}^{iu\tilde{A}_{j+1}^{n+1}}-\mathrm{e}^{iu\tilde{A}_j^{n+1}})\,\tilde{\varphi}_{\Delta X}(u)\mathrm{d}u\right\}$$

这里$\tilde{A}_j^{n+1}\equiv -A_j^{n+1}+\left(r+\omega-\frac{1}{2}\sigma^2\right)\Delta t$，$\tilde{\varphi}_{\Delta X}(u)=\frac{1}{u}\mathrm{e}^{-\frac{1}{2}\sigma^2u^2\Delta t}\varphi_{\Delta L}(u)$。

积分(5.8)具有两个挑战。一个是积分核 $\mathrm{e}^{iu\tilde{A}_{j+1}^{n+1}}-\mathrm{e}^{iu\tilde{A}_j^{n+1}}$ 对大数量$|\tilde{A}_j^{n+1}|$或$|\tilde{A}_{j+1}^{n+1}|$的振荡性。另一个是积分区域(0，$+\infty$)的无穷性，必须给予截断(0，$\bar{u}$)。为了克服这些困难，使用修正的梯形积分公式。

给定$0<\underline{u}<\bar{u}$，积分区间(0，$\bar{u}$)分裂为(0，$\underline{u}$]和($\underline{u}$，$\bar{u}$)，从而在(0，$\underline{u}$]上使用一致剖分，而在($\underline{u}$，$\bar{u}$)上使用非一致剖分。转移概率p_{ij}^n的计算分解为三部分

$$p_{ij}^n = \Re\left\{-\frac{1}{\pi i}\int_0^{+\infty}(\mathrm{e}^{iu\tilde{A}_{j+1}^{n+1}}-\mathrm{e}^{iu\tilde{A}_j^{n+1}})\,\tilde{\varphi}_{\Delta X}(u)\mathrm{d}u\right\} \tag{5.10}$$

$$= \Re\left\{-\frac{1}{\pi i}\left[\int_0^{\underline{u}}(\mathrm{e}^{iu\tilde{A}_{j+1}^{n+1}}-\mathrm{e}^{iu\tilde{A}_j^{n+1}})\,\tilde{\varphi}_{\Delta X}(u)\mathrm{d}u+\int_{\underline{u}}^{\bar{u}}(\mathrm{e}^{iu\tilde{A}_{j+1}^{n+1}}-\mathrm{e}^{iu\tilde{A}_j^{n+1}})\,\tilde{\varphi}_{\Delta X}(u)\mathrm{d}u\right]\right\}$$

$$+\Re\left\{-\frac{1}{\pi i}\int_{\bar{u}}^{+\infty}(\mathrm{e}^{iu\tilde{A}_{j+1}^{n+1}}-\mathrm{e}^{iu\tilde{A}_j^{n+1}})\,\tilde{\varphi}_{\Delta X}(u)\mathrm{d}u\right\}$$

$$\equiv \Re\left\{-\frac{1}{\pi i}[I_1(\Delta t)+I_2(\Delta t)]\right\}+R(\bar{u}) \tag{5.11}$$

略去截断误差$R(\bar{u})$，得到p_{ij}^n的近似计算

$$p_{ij}^n\approx\Re\left\{-\frac{1}{\pi i}[I_1(\Delta t)+I_2(\Delta t)]\right\}\approx\Re\left\{-\frac{1}{\pi i}[\tilde{I}_1(\Delta t)+\tilde{I}_2(\Delta t)]\right\}\equiv\tilde{p}_{ij}^n \tag{5.12}$$

这里

$$\begin{cases} \tilde{I}_1(\Delta t) = \sum_{k=0}^{\underline{M}-1} \tilde{\varphi}_{\Delta X}(u_{k+1/2}) \int_{u_k}^{u_{k+1}} (e^{iu\tilde{A}_{j+1}^{n+1}} - e^{iu\tilde{A}_j^{n+1}})\, du \\ \tilde{I}_2(\Delta t) = \sum_{k=\underline{M}}^{\overline{M}-1} \int_{u_k}^{u_{k+1}} (e^{iu\tilde{A}_{j+1}^{n+1}} - e^{iu\tilde{A}_j^{n+1}})\, I_{\tilde{\varphi}}(u)\, du \end{cases}$$

在区间$[0,\ \bar{u}]$上

$$0 = u_1 < u_2 < \cdots < u_{\underline{M}} \equiv \underline{u} < u_{\underline{M}+1} < \cdots < u_{\overline{M}} \equiv \bar{u}$$

这里$u_{k+1/2} = \frac{1}{2}(u_k + u_{k+1})$，$I_{\tilde{\varphi}}(u)$为$f\,\tilde{\varphi}_{\Delta X}(u)$在$[u_k,\ u_{k+1}]$上的线性插值

$$I_{\tilde{\varphi}}(u) = \tilde{\varphi}_{\Delta X}(u_k)\frac{u - u_{k+1}}{u_k - u_{k+1}} + \tilde{\varphi}_{\Delta X}(u_{k+1})\frac{u - u_k}{u_{k+1} - u_k},\ u \in [u_k,\ u_{k+1}]$$

从而$\tilde{p}_{ij}^{n}$被写成

$$\tilde{p}_{ij}^{n} = \Re\left(-\frac{1}{\pi i}\left\{ \sum_{k=0}^{\underline{M}-1} c_k\ \tilde{\varphi}_{\Delta X}(u_{k+1/2}) + \sum_{k=\underline{M}}^{\overline{M}-1} [a_k\ \tilde{\varphi}_{\Delta X}(u_k) + b_k\ \tilde{\varphi}_{\Delta X}(u_{k+1})] \right\} \right)$$

这里

$$a_k \equiv -\frac{1}{\Delta u_k}[G_{k+1}(u_{k+1}) + G_{k+1}(u_k)]$$

$$b_k \equiv \frac{1}{\Delta u_k}[G_k(u_{k+1}) - G_k(u_k)]$$

$$c_k \equiv G'_k(u_{k+1}) - G'_k(u_k)$$

$$\begin{cases} G_k(u) = (\tilde{A}_{j+1}^{n+1})^{-2} e^{\tilde{A}_{j+1}^{n+1} iu} [1 + \tilde{A}_{j+1}^{n+1} i(u_k - u)] - (\tilde{A}_j^{n+1})^{-2} e^{\tilde{A}_j^{n+1} iu} [1 + \tilde{A}_j^{n+1} i(u_k - u)] \\ G'_k(u) = (i\,\tilde{A}_{j+1}^{n+1})^{-1} e^{\tilde{A}_{j+1}^{n+1} iu} - (i\,\tilde{A}_j^{n+1})^{-1} e^{\tilde{A}_j^{n+1} iu} \end{cases},$$

此处$\Delta u_k = u_{k+1} - u_k$。

$I_2(\Delta t)$中的被积函数$(e^{iu\tilde{A}_{j+1}^{n+1}} - e^{iu\tilde{A}_j^{n+1}})\,\tilde{\varphi}_{\Delta X}(u)$高频振荡。图 5-2 画出了被积函数。这里$\tilde{A}_j^{n+1} = 0.6$，$\tilde{A}_{j+1}^{n+1} = -0.01$。对于 VG 与 CGMY 其参数列举在表 5-2 中。从而非一致剖分$\{u_{\underline{M}+1},\ u_{\underline{M}+2},\ \cdots,\ u_{\overline{M}}\}$必须仔细选择以便高效计算$\tilde{I}_2(\Delta t)$。

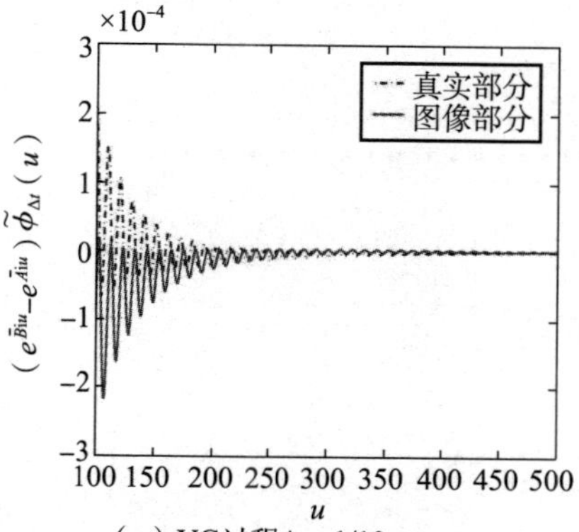

（a）VG过程$\Delta t=1/10$

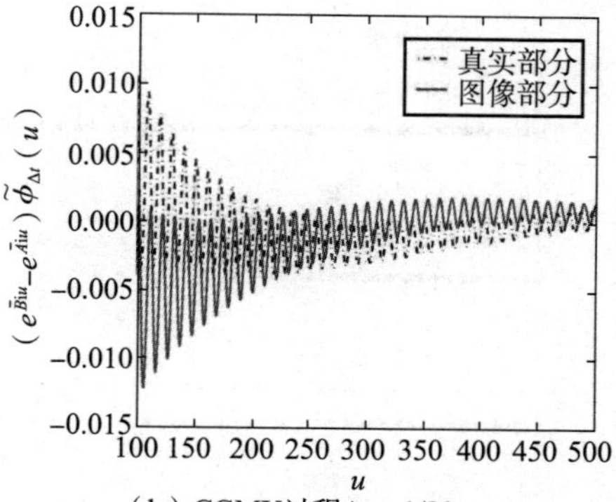

（b）CGMY过程$\Delta t=1/80$

图 5-2　VG 与 CGMY 模型被积函数的高阶振荡特征

表 5-2　五类模型的参数列表

模型	参数
VG	$\sigma_J=0.1616$，$\gamma=0.0834$ 和 $\theta=-0.1264$
CGMY	$C=1$，$G=5$，$M=5$ 和 $Y=0.5$
NIG	$\alpha=15$，$\beta=5$ 和$\eta=0.5$
MJD	$\sigma=0.12$，$\alpha_J=-0.12$，$\sigma=0.18$ 和$\lambda=0.4$
DEJD	$\sigma=0.15$，$p=0.2$，$\eta_1=25$，$\eta_2=10$ 和$\lambda=3$

等分布原理是寻找$\{u_k\}$，$\underline{M}+1\leqslant k\leqslant\overline{M}$，使得下列多边形 $u=u_k$，$u=u_{k+1}$，$y=0$，$y=\frac{1}{u}$具有相同面积

$$u_k=\underline{u}\,\overline{\lambda}^{\frac{k-\underline{M}}{\overline{M}-\underline{M}}},\ k=\underline{M},\ \underline{M}+1,\ \underline{M}+2,\ \cdots,\ \overline{M}$$

这里 $\overline{\lambda}=\overline{u}/\underline{u}$，非一致网格$\{u_k\}$在 $\underline{u}$ 附近稠密，远离 $\underline{u}$ 则稀疏。如图 5-3 所示，一些样例 u_k 具有不同的 $\overline{M}-\underline{M}$ 被表示出来，从而转移概率(5.12)中的 p_{ij}^n可以被高效率计算。

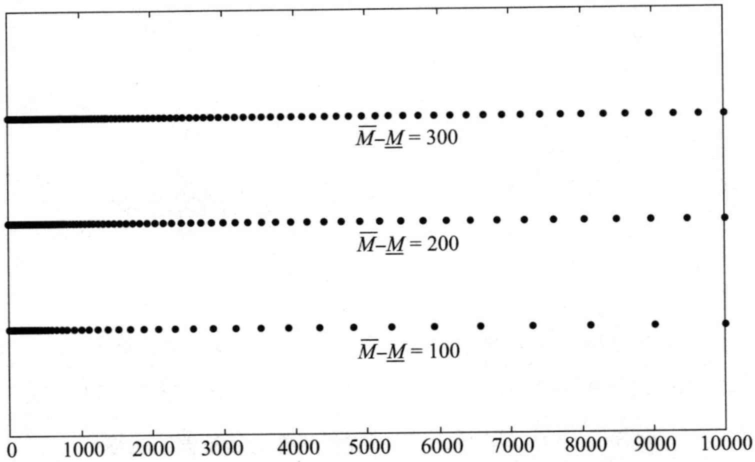

图 5-3　非一致网格积分示意图

5.3.2　转移概率误差分析

给出转移概率 p_{ij}^n 与它的逼近 $\tilde{p}_{ij}^n$，之间的误差为

$$|p_{ij}^n-\tilde{p}_{ij}^n|\leqslant\frac{1}{\pi}|I_1(\Delta t)-\tilde{I}_1(\Delta t)|+\frac{1}{\pi}|I_2(\Delta t)-\tilde{I}_2(\Delta t)|+\frac{1}{\pi}|R(\bar{u})| \tag{5.13}$$

首先给出误差估计 $R(\bar{u})$。

定理 5.2　转移概率 p_{ij}^n 的截断误差可以表示为

$$|R(\bar{u})|\leqslant C_R\,\bar{u}^{-1} \tag{5.14}$$

这里常数 $C_R>0$ 由 Lévy 过程 L_t、$\varphi_{L_t}(u)$ 决定。

证明： 引进中间函数 $\bar{\varphi}_{\Delta X}(u)=(\mathrm{e}^{iu\tilde{A}_{j+1}^{n+1}}-\mathrm{e}^{iu\tilde{A}_j^{n+1}})\,\mathrm{e}^{-\frac{1}{2}\sigma^2u^2\Delta t}\varphi_{\Delta L}(u)$，截断误差 $R(\bar{u})$ 可以写成

$$R(\bar{u})=\int_{\bar{u}}^{+\infty}(\mathrm{e}^{iu\tilde{A}_{j+1}^{n+1}}-\mathrm{e}^{iu\tilde{A}_j^{n+1}})\,\tilde{\varphi}_{\Delta X}(u)\,\mathrm{d}u=\int_{\bar{u}}^{+\infty}\frac{1}{u}\,\bar{\varphi}_{\Delta X}(u)\,\mathrm{d}u$$

依据概率密度函数定义有

$$\Re\left\{\frac{1}{\pi}\int_0^{+\infty}\bar{\varphi}_{\Delta X}(u)\,\mathrm{d}u\right\}=f_{\Delta X}(-\tilde{A}_{j+1}^{n+1})-f_{\Delta X}(-\tilde{A}_j^{n+1})$$

这里$f_{\Delta X}(\cdot)$为概率密度函数，$\varphi_{X_{\Delta t}}(u)$为特征函数，$f_{\Delta X}(-\tilde{A}_{j+1}^{n+1})$和$f_{\Delta X}(-\tilde{A}_{j}^{n+1})$都是有界的，如果$\tilde{A}_{j}^{n+1}\neq 0$且$\tilde{A}_{j+1}^{n+1}\neq 0$，从而存在常数$\tilde{u}>0$使得

$$\left|\int_{\xi_1}^{\xi_2}\overline{\varphi}_{\Delta X}(u)\mathrm{d}u\right|\leqslant\frac{1}{2},\quad \tilde{u}<\xi_1<\xi_2<+\infty$$

这里$\bar{u}>\tilde{u}$，积分中值定理存在$\xi\in(\bar{u},\ \overline{U})$，使得

$$\int_{\bar{u}}^{\overline{U}}\frac{1}{u}\overline{\varphi}_{\Delta X}(u)\mathrm{d}u=\frac{1}{\overline{U}}\int_{\bar{u}}^{\xi}\overline{\varphi}_{\Delta X}(u)\mathrm{d}u+\frac{1}{\overline{U}}\int_{\xi}^{\overline{U}}\overline{\varphi}_{\Delta X}(u)\mathrm{d}u$$

从而

$$\left|\int_{\bar{u}}^{\overline{U}}\frac{1}{u}\overline{\varphi}_{\Delta X}(u)\mathrm{d}u\right|\leqslant\left|\frac{1}{\bar{u}}\int_{\bar{u}}^{\xi}\overline{\varphi}_{\Delta X}(u)\mathrm{d}u\right|+\left|\frac{1}{\overline{U}}\int_{\xi}^{\overline{U}}\overline{\varphi}_{\Delta X}(u)\mathrm{d}u\right| umber \tag{5.15}$$

$$\leqslant\frac{1}{2\bar{u}}+\frac{1}{2\overline{U}}\leqslant\frac{1}{\bar{u}} \tag{5.16}$$

当$0<\bar{u}<\tilde{u}$ 时有

$$\begin{aligned}\left|\int_{\bar{u}}^{\overline{U}}\frac{1}{u}\overline{\varphi}_{\Delta X}(u)\mathrm{d}u\right|&=\left|\int_{\bar{u}}^{\tilde{u}}\frac{1}{u}\overline{\varphi}_{\Delta X}(u)\mathrm{d}u+\int_{\tilde{u}}^{\overline{U}}\frac{1}{u}\overline{\varphi}_{\Delta X}(u)\mathrm{d}u\right|\\&\leqslant\frac{1}{\bar{u}}\left|\int_{\bar{u}}^{\tilde{u}}\overline{\varphi}_{\Delta X}(u)\mathrm{d}u\right|+\frac{1}{\tilde{u}}\\&\leqslant\frac{1}{\bar{u}}\left(\left|\int_{\bar{u}}^{\tilde{u}}\overline{\varphi}_{\Delta X}(u)\mathrm{d}u\right|+1\right)\end{aligned} \tag{5.17}$$

结合式(5.10)和(5.17)有

$$\left|\int_{\bar{u}}^{\overline{U}}\frac{1}{u}\overline{\varphi}_{\Delta X}(u)\mathrm{d}u\right|\leqslant C_R\frac{1}{\bar{u}},\quad C_R=\max_{0\leqslant u_*\leqslant\tilde{u}}\left|\int_{u_*}^{\tilde{u}}\overline{\varphi}_{\Delta X}(u)\mathrm{d}u\right|+1$$

对于$\bar{u}>0$成立，令$\bar{u}$趋向$+\infty$，有

$$|R(\bar{u})|=\left|\int_{\bar{u}}^{+\infty}\left(\mathrm{e}^{iu\tilde{A}_{j+1}^{n+1}}-\mathrm{e}^{iu\tilde{A}_{j}^{n+1}}\right)\tilde{\varphi}_{\Delta X}(u)\mathrm{d}u\right|=\left|\int_{\bar{u}}^{+\infty}\frac{1}{u}\overline{\varphi}_{\Delta X}(u)\mathrm{d}uht\right|\leqslant C_R\frac{1}{\bar{u}}$$

当 X_t 满足 MJD 或者 DEJD 模型时，截断误差 $R(\bar{u})$ 有特殊形式。

定理 5.3 当 X_t 服从 MJD 或者 DEJD 模型时，截断误差 $R(\bar{u})$ 有估计式

$$|R(\bar{u})| \leqslant C_R\sqrt{\frac{2\pi}{\sigma^2\Delta t}}\left[1-\phi(\bar{u}\sigma\sqrt{\Delta t})\right]\bar{u}^{-1}$$

这里 $\phi(\cdot)$ 为正态累积分布函数。

证明： 由于 $\sigma>0$，有

$$\begin{aligned}
|R(\bar{u})| &= \left|\int_{\bar{u}}^{+\infty}\frac{1}{u}\left(e^{iu\tilde{A}_{j+1}^{n+1}}-e^{iu\tilde{A}_{j}^{n+1}}\right)e^{-\frac{1}{2}\sigma^2u^2\Delta t}\varphi_{\Delta L}(u)\,du\right| \\
&\leqslant \max_{u\in(0,+\infty)}\left|e^{iu\tilde{A}_{j+1}^{n+1}}-e^{iu\tilde{A}_{j}^{n+1}}\right|\max_{u\in(0,+\infty)}|\varphi_{\Delta L}(u)|\left|\int_{\bar{u}}^{+\infty}\frac{1}{u}e^{-\frac{1}{2}\sigma^2u^2\Delta t}du\right| \\
&\leqslant 2\max_{u\in(0,+\infty)}|\varphi_{\Delta L}(u)|\frac{1}{\bar{u}}\int_{\bar{u}}^{+\infty}e^{-\frac{1}{2}\sigma^2u^2\Delta t}du \\
&= C_R\sqrt{\frac{2\pi}{\sigma^2\Delta t}}\left[1-\varphi(\bar{u}\sigma\sqrt{\Delta t})\right]\bar{u}^{-1}
\end{aligned}$$

这里 $C_R=2\max_{u\in(0,+\infty)}|\varphi_{\Delta L}(u)|$，$\phi(\cdot)$ 为标准正态分布函数。

图 5-4 显示 $R(\bar{u})$ 随 $\bar{u}$ 的变化情况，这里 $\Delta t=0.01$ 或 $\Delta t=0.005$。

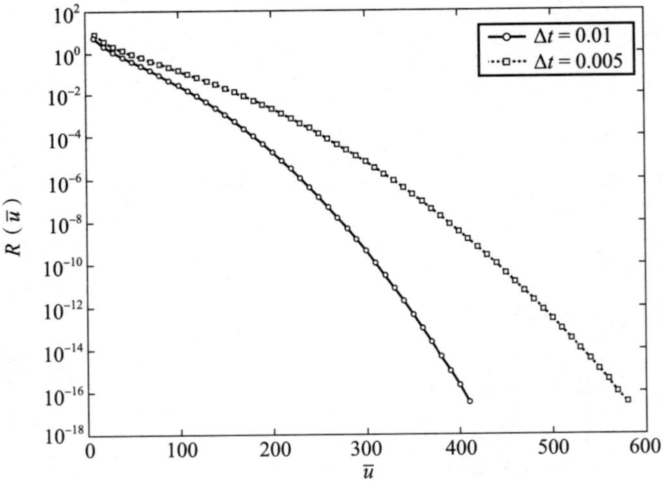

图 5-4 截断误差随 $\bar{u}$ 的变化情况

接下来讨论p_{ij}^{n}的其他误差，即 i. e. ，$|I_1(\Delta t)-\tilde{I}_1(\Delta t)|$ 和 $|I_2(\Delta t)-\tilde{I}_2(\Delta t)|$ 。因为$I_1(\Delta t)$是区间$(0,\ \underline{u})$内的非正常积分，有下列结论。

定理 5.4　$I_1(\Delta t)$与$\tilde{I}_1(\Delta t)$之间的误差上界为$O[(\Delta u)^2]=O(1/\underline{M}^2)$，即

$$|\tilde{I}_1(\Delta t)-I_1(\Delta t)|\leqslant C_{I_1}\underline{M}^{-2} \tag{5.18}$$

这里C_{I_1}是一个正常数，与$e^{iu\tilde{A}_{j+1}^{n+1}}-e^{iu\tilde{A}_{j}^{n+1}}$和$\tilde{\varphi}_{\Delta X}(u)$有关。

证明：首先有

$$|\tilde{I}_1(\Delta t)-I_1(\Delta t)|\leqslant\left|I_1(\Delta t)-\sum_{k=0}^{\underline{M}-1}\Delta u_k g(u_{k+1/2})\right|+\left|\tilde{I}_1(\Delta t)-\sum_{k=0}^{\underline{M}-1}\Delta u_k g(u_{k+1/2})\right| \tag{5.19}$$

这里$g(u)=g_1(u)\tilde{\varphi}_{\Delta X}(u)$，$g_1(u)=e^{iu\tilde{A}_{j+1}^{n+1}}-e^{iu\tilde{A}_{j}^{n+1}}$，由式(5.19)中的第一项有

$$\begin{aligned}
&\left|I_1(\Delta t)-\sum_{k=0}^{\underline{M}-1}\Delta u_k g(u_{k+1/2})\right|\\
=&\left|\sum_{k=0}^{\underline{M}-1}\left[\int_{u_k}^{u_{k+1}}g(u)\,du-\Delta u_k g(u_{k+1/2})\right]\right|\\
=&\left|\sum_{k=0}^{\underline{M}-1}\left\{\int_{u_k}^{u_{k+1}}\left[g(u_{k+1/2})+g'(u_{k+1/2})(u-u_{k+1/2})+\frac{1}{2}g''(\xi_k)(u-u_{k+1/2})^2\right]du-\Delta u_k g(u_{k+1/2})\right\}\right|\\
=&\left|\sum_{k=0}^{\underline{M}-1}\left\{\int_{u_k}^{u_{k+1}}\left[g'(u_{k+1/2})(u-u_{k+1/2})+\frac{1}{2}g''(\xi_k)(u-u_{k+1/2})^2\right]du\right\}\right|\\
=&\left|\sum_{k=0}^{\underline{M}-1}\left[g'(u_{k+1/2})\int_{u_k}^{u_{k+1}}(u-u_{k+1/2})\,du+\sum_{k=0}^{\underline{M}-1}\frac{1}{2}g''(\xi_k)\int_{u_k}^{u_{k+1}}(u-u_{k+1/2})^2\right]du\right|\\
\leqslant&\frac{1}{24}\max_{0\leqslant\xi\leqslant\underline{u}}|g''(\xi)|\,\underline{u}^3\,\underline{M}^{-2}
\end{aligned}$$

这里 $\xi_k \in (u_k, u_{k+1})$，类似地，关于第二项有

$$\left| \tilde{I}_1(\Delta t) - \sum_{k=0}^{\underline{M}-1} \Delta u_k g(u_{k+1/2}) \right|$$

$$= \left| \sum_{k=0}^{\underline{M}-1} \left[\tilde{\varphi}_{\Delta X}(u_{k+1/2}) \int_{u_k}^{u_{k+1}} g_1(u)\mathrm{d}u - \Delta u_k g_1(u_{k+1/2}) \tilde{\varphi}_{\Delta X}(u_{k+1/2}) \right] \right|$$

$$= \left| \sum_{k=0}^{\underline{M}-1} \tilde{\varphi}_{\Delta X}(u_{k+1/2}) \int_{u_k}^{u_{k+1}} \frac{1}{2} g''_1(\xi_k)(u - u_{k+1/2})^2 \mathrm{d}u \right|$$

$$\leqslant \frac{1}{24} \max_{\xi_k \in (u_k, u_{k+1})} | \tilde{\varphi}_{\Delta X}(u_{k+1/2}) g''_1(\xi_k) | \underline{u}^3 \underline{M}^{-2}$$

从而有

$$| \tilde{I}_1(\Delta t) - I_1(\Delta t) | \leqslant C_{I_1} \underline{M}^{-2}$$

这里 $C_{I_1} = \frac{1}{24}\underline{u}^3 [\max_{0 \leqslant \xi \leqslant \underline{u}} | g''(\xi) | + \max_{\xi_k \in (u_k, u_{k+1})} | \tilde{\varphi}_{\Delta X}(u_{k+1/2}) g''_1(\xi_k) |]$ 为常数，最后考察误差 $| I_2(\Delta t) - \tilde{I}_2(\Delta t) |$。

定理 5.5 假定 $\tilde{\varphi}_{\Delta X}(u)$ 的二阶导数连续有界，积分格式 $\tilde{I}_2(\Delta t)$ 的误差为

$$|I_2(\Delta t) - \tilde{I}_2(\Delta t)| \leqslant C_{I_2}(\overline{M} - \underline{M})^{-2} \tag{5.20}$$

对于充分大的 $\overline{M} - \underline{M}$ 成立，这里 C_{I_2} 是一个正常数，只依赖于 $\tilde{\varphi}_{\Delta X}(u)$。

证明： 因为 $I_{\tilde{\varphi}}(u)$ 是线性插值，存在常数 $\xi_k \in (u_k, u_{k+1})$ 使得

$$\tilde{\varphi}_{\Delta X}(u) - I_{\tilde{\varphi}}(u) = \frac{1}{2} \tilde{\varphi}''_{\Delta X}(\xi_k)(u - u_k)(u - u_{k+1})$$

对任意 $u \in (u_k, u_{k+1})$ 成立，从而得到

$$|I_2(\Delta t) - \tilde{I}_2(\Delta t)|$$

$$= \left| \int_{\underline{u}}^{\overline{u}} (\mathrm{e}^{iu\tilde{A}_{j+1}^{n+1}} - \mathrm{e}^{iu\tilde{A}_j^{n+1}}) \tilde{\varphi}_{\Delta X}(u)\mathrm{d}u - \int_{\underline{u}}^{\overline{u}} (\mathrm{e}^{iu\tilde{A}_{j+1}^{n+1}} - \mathrm{e}^{iu\tilde{A}_j^{n+1}}) I_{\tilde{\varphi}}(u)\mathrm{d}u \right|$$

$$= \left| \sum_{k=\underline{M}}^{\overline{M}-1} \int_{u_k}^{u_{k+1}} (\mathrm{e}^{iu\tilde{A}_{j+1}^{n+1}} - \mathrm{e}^{iu\tilde{A}_j^{n+1}}) [\tilde{\varphi}_{\Delta X}(u) - I_{\tilde{\varphi}}(u)] \mathrm{d}u \right|$$

$$= \left| \sum_{k=\underline{M}}^{\overline{M}-1} \int_{u_k}^{u_{k+1}} \frac{1}{2} (e^{iu\tilde{A}_{j+1}^{n+1}} - e^{iu\tilde{A}_j^{n+1}}) \ \tilde{\varphi}''_{\Delta X}(\xi_k)(u-u_k)(u-u_{k+1})du \right| \tag{5.21}$$

另外，由积分中值定理有

$$\begin{aligned} & |I_2(\Delta t) - \tilde{I}_2(\Delta t)| \\ = & \left| \sum_{k=\underline{M}}^{\overline{M}-1} \frac{1}{2} (e^{i\eta_k \tilde{A}_{j+1}^{n+1}} - e^{i\eta_k \tilde{A}_j^{n+1}}) \ \tilde{\varphi}''_{\Delta X}(\eta_k) \int_{u_k}^{u_{k+1}} (u-u_k)(u-u_{k+1})du \right| \\ \leqslant & \frac{1}{2} \max_{\eta \in (\underline{u}, \overline{u})} |(e^{i\eta \tilde{A}_{j+1}^{n+1}} - e^{i\eta \tilde{A}_j^{n+1}}) \ \tilde{\varphi}''_{\Delta X}(\eta)| \sum_{k=\underline{M}}^{\overline{M}-1} \left| \int_{u_k}^{u_{k+1}} (u-u_k)(u-u_{k+1})du \right| \\ \leqslant & \frac{1}{6} \max_{\eta \in (\underline{u}, \overline{u})} |\tilde{\varphi}''_{\Delta X}(\eta)| \sum_{k=\underline{M}}^{\overline{M}-1} (u_{k+1}-u_k)^3 \end{aligned} \tag{5.22}$$

由非一致节点 u_k 推出

$$\sum_{k=\underline{M}}^{\overline{M}-1} (u_{k+1}-u_k)^3 = \sum_{k=\underline{M}}^{\overline{M}-1} \underline{u}^3 (\overline{\lambda}^{\frac{k+1-\underline{M}}{\overline{M}-\underline{M}}} - \overline{\lambda}^{\frac{k-\underline{M}}{\overline{M}-\underline{M}}})^3 \leqslant \frac{1}{3} \underline{u}^3 (\overline{\lambda}^3 - 1)(\overline{\lambda}^{\frac{1}{\overline{M}-\underline{M}}} - 1)^2 \tag{5.23}$$

将式(5. 23)代入式(5. 22)，有

$$|I_2(\Delta t) - \tilde{I}_2(\Delta t)| \leqslant \frac{1}{18} \max_{\xi \in (\underline{u}, \overline{u})} |\tilde{\varphi}''_{\Delta t}(\eta)| \underline{u}^3 (\overline{\lambda}^3 - 1) \left(\begin{aligned} & (\overline{\lambda}^{\frac{1}{\overline{M}-\underline{M}}} - 1 right)^2 \\ & \leqslant C_{I_2} (\overline{M}-\underline{M})^{-2} \end{aligned} \right. \tag{5.24}$$

这里 $C_{I_2} = \frac{1}{18} \log^2 \overline{\lambda} (\overline{u}^3 - \underline{u}^3) \max_{\eta \in (\underline{u}, \overline{u})} |\tilde{\varphi}''_{\Delta X}(\eta)|$，$\overline{M}-\underline{M}$ 充分大满足 $\overline{\lambda}^{\frac{1}{\overline{M}-\underline{M}}} - 1 \leqslant \frac{1}{\overline{M}-\underline{M}} \log \overline{\lambda}$，从而式(5. 24)推出 $\tilde{I}_2(\Delta t)$ 关于 $\overline{M}-\underline{M}$ 具有二阶收敛性。

当式(5. 22)服从 VG 过程时，$|I_2(\Delta t) - \tilde{I}_2(\Delta t)|$ 有比式(5. 24)更为精确的估计。

定理 5.6 如果 L_t 是 VG 过程，具有特征函数 $\varphi_{\Delta L}(u)=\left(1-i\theta\nu u+\frac{1}{2}\sigma_J^2u^2\nu\right)^{-\frac{\Delta t}{\nu}}$，$I_2(\Delta t)$ 与 $\tilde{I}_2(\Delta t)$ 之间的误差可以表示为

$$|I_2(\Delta t)-\tilde{I}_2(\Delta t)|\leqslant C_{VG}(\mu)(\overline{M}-\underline{M})^{-2} \tag{5.25}$$

这里 $C_{VG}(\mu)=\frac{C_L\log^2\overline{\lambda}}{12\mu}\underline{u}^{-2\mu}(1-\overline{\lambda}^{-2\mu})$，$\mu=\frac{\Delta t}{\nu}$，$C_L$ 为常数，当 $\Delta t\to 0$，误差估计为

$$|I_2(\Delta t)-\tilde{I}_2(\Delta t)|\leqslant\frac{1}{6}C_L\log^3\overline{\lambda}\,(\overline{M}-\underline{M})^{-2} \tag{5.26}$$

证明： 证明方法类似于定理 5.4，首先有

$$\tilde{\varphi}_{\Delta X}(u)=\left(\frac{\sigma_J^2\nu}{2}\right)^{\mu}\frac{1}{u}\left[\frac{1}{2(u-z_1)(u-z_2)}\right]^{\mu}\equiv\left(\frac{\sigma_J^2\nu}{2}\right)^{\mu}g_1(u)g_2(u)$$

这里 $\mu=\frac{\Delta t}{\nu}>0$，$z_{1,2}=i\left(\theta\nu\pm\sqrt{\theta^2\nu^2+2\sigma_J^2\nu}\right)/(\sigma_J^2\nu)$，$g_1(u)\equiv\frac{1}{u}$，$g_2(u)\equiv\left[\frac{1}{(u-z_1)(u-z_2)}\right]^{\mu}$。可以验证 $|g_2(u)|\leqslant|u|^{-2\mu}$，$|g'_2(u)|\leqslant C_1u^{-1-2\mu}$，同时 $|g''_2(u)|\leqslant C_2u^{-2-2\mu}$，此处 C_1 与 C_2 是两个正常数，于是

$$|\tilde{\varphi}''_{\Delta X}(u)|=\left(\frac{\sigma_J^2\nu}{2}\right)^{\mu}|g''_1(u)g_2(u)+2g'_1(u)g'_2(u)+g_1(u)g''_2(u)|\leqslant C_L|u|^{-3-2\mu} \tag{5.27}$$

这里常数 $C_L=(2+2C_1+C_2)\left(\frac{\sigma_J^2\nu}{2}\right)^{\mu}$，利用估计式(5.27)得到

$$
\begin{aligned}
|I_2(\Delta t) - \tilde{I}_2(\Delta t)| &\leqslant \frac{1}{2}\sum_{k=\underline{M}}^{\overline{M}-1} \max_{\eta\in(u_k,\,u_{k+1})} \left|\left(e^{i\eta\tilde{A}_{j+1}^{n+1}} - e^{i\eta\tilde{A}_{j}^{n+1}}\right)\tilde{\varphi}''_{\Delta X}(\eta)\right| \\
&\quad \left|\int_{u_k}^{u_{k+1}}(u-u_k)(u-u_{k+1})\,\mathrm{d}u\right| \\
&\leqslant \frac{C_L}{6}\sum_{k=\underline{M}}^{\overline{M}-1} u_k^{-3-2\mu}\,(u_{k+1}-u_k)^3 \\
&= \frac{C_L}{6}\underline{u}^{-2\mu}\left(\overline{\lambda}^{\frac{1}{\overline{M}-\underline{M}}}-1\right)^3\sum_{k=\underline{M}}^{\overline{M}-1}\overline{\lambda}^{\frac{-2\mu(k-\underline{M})}{\overline{M}-\underline{M}}} \\
&= \frac{C_L}{6}\underline{u}^{-2\mu}\left(\overline{\lambda}^{-2\mu}-1\right)\left(\overline{\lambda}^{\frac{1}{\overline{M}-\underline{M}}}-1\right)^3\left(\overline{\lambda}^{\frac{-2\mu}{\overline{M}-\underline{M}}}-1\right)^{-1}
\end{aligned}
\tag{5.28}
$$

用等价无穷小 $\log\overline{\lambda}\,(\overline{M}-\underline{M})^{-1}a$ 与 $-2\mu\log\overline{\lambda}\,(\overline{M}-\underline{M})^{-1}$，代替 $(\overline{\lambda}^{\frac{1}{\overline{M}-\underline{M}}}-1)$ 与 $(\overline{\lambda}^{\frac{-2\mu}{\overline{M}-\underline{M}}}-1)$，有

$$
\begin{aligned}
|I_2(\Delta t)-\tilde{I}_2(\Delta t)| &\leqslant \frac{C_L\log^2\overline{\lambda}}{12\mu}\underline{u}^{-2\mu}(1-\overline{\lambda}^{-2\mu})(\overline{M}-\underline{M})^{-2} \\
&\equiv C_{\mathrm{VG}}(\mu)(\overline{M}-\underline{M})^{-2}
\end{aligned}
\tag{5.29}
$$

当 $\Delta t\to 0$ 时，$\lim\limits_{\mu\to 0^+}C_{\mathrm{VG}}(\mu)=\frac{1}{6}C_L\log^3\overline{\lambda}$，就是定理要证明的结果。

一般来说，常数 C_{VG} 比 C_{I_2} 要小得多。类似结论在 CGMY、NIG、MJD 和 DEJD 模型中也可以得到证明。综合误差 $R(\overline{u})$，$|I_1(\Delta t)-\tilde{I}_1(\Delta t)|$，$|I_2(\Delta t)-\tilde{I}_2(\Delta t)|$，下面的定理给出 $|p_{ij}^n-\tilde{p}_{ij}^n|$ 的误差。

定理 5.7 给定 $\underline{u}$，$\overline{u}$，$\underline{M}$，$\overline{M}$，一致网格 $u_k=k\Delta u$，$k=1, 2, \cdots, \underline{M}$，以及非一致网格 $u_k=\underline{u}\,\overline{\lambda}^{\frac{k-\overline{M}}{\overline{M}-\underline{M}}}$，$k=\underline{M}+1, \cdots, \overline{M}$，如果 $\tilde{\varphi}_{\Delta X}(u)$ 在 $(0, +\infty)$ 内的一阶、二阶导数有界，则 p_{ij}^n 与 $\tilde{p}_{ij}^n$ 之间的误差

$$|p_{ij}^n-\widetilde{p}_{ij}^n|\leqslant\frac{1}{\pi}[C_{I_1}\underline{M}^{-2}+C_{I_2}(\overline{M}-\underline{M})^{-2}+C_R\overline{u}^{-1}] \tag{5.30}$$

定理 5.7 提供了决定 $\underline{M}$，$\overline{M}$ 以及 $\overline{u}$ 的标准：$\underline{M}$，$\overline{M}-\underline{M}$ 为 $O(1/\Delta t)$，$\overline{u}$ 为 $O(1/\Delta t^2)$时，$\widetilde{p}_{ij}^n$收敛到 p_{ij}^n，具有二阶收敛。

5.4 欧式期权误差分析

前面几节分析了 p_{ij}^n的计算误差。现在考虑欧式期权柳树方法的收敛性。不同于存在的文献（Ma，2021），收敛性结果无须 5 阶矩，主要与时间离散 Δt 有关。

首先定义 $E_{\Delta X}^{(k)}$ 为增量 $\Delta X=X^{n+1}-X^n k$ 阶矩 k^{th}，即

$$E_{\Delta X}^{(k)}=E[(X^{n+1}-X_{t_n})^k\mid(X^n=X_i^n)]=\int_{-\infty}^{+\infty}y^kf_{\Delta X}(y)\mathrm{d}y,\ k=1,\ 2,\ \cdots \tag{5.31}$$

这里$f_{\Delta X}(y)$是 X_t 的条件概率密度函数，如下两个引理给出条件矩与其离散矩之间的误差。

引理 5.1 假定 X_t 服从随机微分方程(5.2)，增量 $\Delta X=X^{n+1}-X^n$ 的 k^{th}矩是 $O(\Delta t)$的，对于所有 $k\geqslant1$ 成立。

证明： 给定 X_t 的特征指数 $\psi_X(u)$结论成立。

$$\frac{\mathrm{d}^{k+1}\varphi_{\Delta X}(u)}{\mathrm{d}u^{k+1}}=\Delta t\sum_{l=0}^{k}\frac{k!}{l!\ (k-l)!}\left[\frac{\mathrm{d}^l\varphi_{\Delta X}(u)}{\mathrm{d}u^l}\right]\left[\frac{\mathrm{d}^{k+1-l}\psi_X(u)}{\mathrm{d}u^{k+1-l}}\right],\ k=0,\ 1,\ \cdots \tag{5.32}$$

因为 $E_{\Delta X}^{(l)}=(-i)^l\left[\frac{\mathrm{d}^l\varphi_{\Delta X}(u)}{\mathrm{d}u^l}\right]\Bigg|_{u=0}$，有

$$E_{\Delta X}^{(k+1)}=\Delta t\sum_{l=0}^{k}\frac{k!}{l!\ (k-l)!}c_{k+1-l}E_{\Delta X}^{(l)} \tag{5.33}$$

这里 $c_{k+1-l}=(-i)^{k+1-l}\left[\dfrac{\mathrm{d}^{k+1-l}\psi_X(u)}{\mathrm{d}u^{k+1-l}}\right]\Bigg|_{u=0}$ 为 X_t 的矩，从而得到 $E_{\Delta X}^{(k)}=O(\Delta t)$ 对于 $k\geqslant 1$ 成立。

引理 5.2　假定 X_t 服从 SDE(5.2)，区间 $(A_j^{n+1},\ A_{j+1}^{n+1})$ 长度，f 对于转移概率 p_{ij}^n 有上界 $\dfrac{\Lambda H}{m}$，即 $h_j\equiv|A_{j+1}^{n+1}-A_j^{n+1}|\leqslant\dfrac{\Lambda H}{m}$，这里 H 有界常数使得 $|X_m^n-X_1^n|\leqslant Hln=1,\ 2,\ 3,\ \cdots,\ N$。假定 Λ 是常数，使得 $h_j\to 0$ 时 $m\to+\infty$，则 $E_{\Delta X}^{(k)}$ 与 $\sum_{j=1}^{m}p_{ij}^n\ (X_j^{n+1}-X_i^n)^k$ 之间的误差有估计

$$|R_{\Delta t,\ m}^{(k)}|\equiv\left|\sum_{j=1}^{m}p_{ij}^n\ (x_j^{n+1}-x_i^n)^k-E_{\Delta X}^{(k)}\right|=O\left(\frac{\sqrt{\Delta t}}{m}\right),\quad k\geqslant 1 \tag{5.34}$$

证明：误差 $R_{\Delta t,\ m}^{(k)}$ 能够写成

$$\begin{aligned}R_{\Delta t,\ m}^{(k)}&=\sum_{j=1}^{m}p_{ij}^n(X_j^{n+1}-X_i^n)^k-\int_{-\infty}^{+\infty}y^kf_{\Delta X}(y)\,\mathrm{d}y\\&=\sum_{j=1}^{m}\int_{A_j^{n+1}}^{A_{j+1}^{n+1}}[(y_j)^k-y^k]\,f_{\Delta X}(y)\mathrm{d}y(\text{Here } y_j=X_j^{n+1}-X_i^n)\\&=\sum_{j=1}^{m}\int_{A_j^{n+1}}^{A_{j+1}^{n+1}}\left[\sum_{l=0}^{k-1}\frac{k!}{l!\ (k-l)!}y^l\ (y_j-y)^{k-l}\right]f_{\Delta X}(y)\,\mathrm{d}y\\&=\sum_{l=0}^{k-1}\frac{k!}{l!\ (k-l)!}\sum_{j=1}^{m}\left[\int_{A_j^{n+1}}^{A_{j+1}^{n+1}}y^l\ (y_j-y)^{k-l}f_{\Delta X}(y)\,\mathrm{d}y\right]\end{aligned}$$

由柯西—施瓦茨不等式以及定理 5.6，有

$$\begin{aligned}|R_{\Delta t,\ m}^{(k)}|&\leqslant\sum_{l=0}^{k-1}\frac{k!}{l!\ (k-l)!}\sum_{j=1}^{m}\left\{\left[\int_{A_j^{n+1}}^{A_{j+1}^{n+1}}y^{2l}f_{\Delta X}(y)\mathrm{d}y\right]^{\frac{1}{2}}\right.\\&\qquad\left.\left[\int_{A_j^{n+1}}^{A_{j+1}^{n+1}}(y_j-y)^{2(k-l)}f_{\Delta X}(y)\mathrm{d}y\right]^{\frac{1}{2}}\right\}\\&\leqslant\sum_{l=0}^{k-1}\frac{k!}{l!\ (k-l)!}\left[\sum_{j=1}^{m}\int_{A_j^{n+1}}^{A_{j+1}^{n+1}}y^{2l}f_{\Delta X}(y)\,\mathrm{d}y\right]^{\frac{1}{2}}\end{aligned}$$

$$\left[\sum_{j=1}^{m}\int_{A_j^{n+1}}^{A_{j+1}^{n+1}}(y_j-y)^{2(k-l)}f_{\Delta X}(y)\,\mathrm{d}y\right]^{\frac{1}{2}}$$

$$\leqslant\sum_{l=0}^{k-1}\frac{k!}{l!\ (k-l)!}\left[E_{\Delta X}^{(2l)}\right]^{\frac{1}{2}}\left[\sum_{j=1}^{m}h_j^{2(k-l)}\int_{A_1^{n+1}}^{A_{m+1}^{n+1}}f_{\Delta X}(y)\,\mathrm{d}y\right]^{\frac{1}{2}}(h_j=y_j-y)$$

$$=O\left(\frac{\sqrt{\Delta t}}{m}\right)\tag{5.35}$$

证毕。

现在给出柳树方法的收敛性结果。

定理 5.8 假定资产价格 S_t 由指数 Lévy 模型(5.2)中的 X_t 决定。在 VG 过程 L_t 下 $0=t_0<t_1<t_2<\cdots<t_N=T$，$\Delta t=T/N$，$m$ 个离散值 X_i^n 由式(5.5)产生。如果 $h_j\equiv A_{j+1}^{n+1}-A_j^{n+1}\leqslant\dfrac{\Lambda H}{m}$，真实看涨期权 $V(x,\ t)$与柳树方法价值 $\overline{V}(x,\ t)$之间的误差为 $O(\Delta t)$，m 是 $O(\Delta t^{-3/2})$的。

证明：知道看涨欧式期权价值 $V(X,\ t)$满足下列积分微分方程(PIDE)

$$V_t(x,\ t)+(r+\omega)V_x(x,\ t)-rV(x,\ t)+$$

$$\int_{-\infty}^{+\infty}[V(x+y,\ t)-V(x,\ t)]v(y)\,\mathrm{d}y=0\tag{5.36}$$

终端调价 $V(x,\ T)=(S_0\mathrm{e}^x-K)^+$。上式中 $v(y)$为 Lévy 测度给定柳树结构 X_t，欧式看涨期权 $\overline{V}(x_i^n,\ t_n)$后向计算公式为

$$\overline{V}(x_i^n,\ t_n)=\mathrm{e}^{-r\Delta t}\sum_{j=1}^{m}p_{ij}^n\overline{V}(x_j^{n+1},\ t_{n+1})\tag{5.37}$$

对 $\overline{V}(x_j^{n+1},\ t_{n+1})$在$(x_i^n,\ t_n)$处做泰勒展开有

$$\overline{V}(x_j^{n+1},\ t_{n+1})=\overline{V}(x_i^n,\ t_n)+\overline{V}_t(x_i^n,\ t_n)\Delta t+\overline{V}_x(x_i^n,\ t_n)\Delta x_{ij}^n+\frac{1}{2}\overline{V}_{xx}(x_i^n,\ t_n)(\Delta x_{ij}^n)^2$$

$$+\sum_{k=3}^{+\infty}\frac{1}{k!}\overline{V}^{(k)}\ (\Delta x_{ij}^n)^k+O[(\Delta t)^2]+O(\Delta x_{ij}^n\Delta t)\tag{5.38}$$

这里符号 $\Delta x_{ij}^n = X_j^{n+1} - X_i^n$，从而式(5.37)可以写成

$$\begin{aligned}\overline{V}(x_i^n,\ t_n) &= \mathrm{e}^{-r\Delta t}\sum_{j=1}^{m} p_{ij}^n \overline{V}(x_j^{n+1},\ t_{n+1}) \\ &= (1 - r\Delta t)\sum_{j=1}^{m} p_{ij}^n [\overline{V}(x_i^n,\ t_n) + \overline{V}_t(x_i^n,\ t_n)\Delta t + \overline{V}_x(x_i^n,\ t_n)\Delta x_{ij}^n + \\ &\quad \frac{1}{2}\overline{V}_{xx}(x_i^n,\ t_n)(\Delta x_{ij}^n)^2] + (1 - r\Delta t) \\ &\quad \sum_{j=1}^{m} p_{ij}^n \left[\sum_{k=3}^{+\infty}\frac{1}{k!}\overline{V}^{(k)}(x_i^n,\ t_n)(\Delta x_{ij}^n)^k\right] + O[(\Delta t)^2] + \\ &\quad O\left(\sum_{j=1}^{m} p_{ij}^n \Delta x_{ij}^n \Delta t\right)\end{aligned} \tag{5.39}$$

由引理 5.1，VG 的离散矩为

$$\sum_{j=1}^{m} p_{ij}^n \Delta x_{ij}^n = E_{\Delta t}^{(1)} + O\left(\frac{\sqrt{\Delta t}}{m}\right) = (r + \omega + \theta)\Delta t + O\left(\frac{\sqrt{\Delta t}}{m}\right)$$

$$\begin{aligned}\sum_{j=1}^{m} p_{ij}^n (\Delta x_{ij}^n)^2 = E_{\Delta t}^{(2)} + O\left(\frac{\sqrt{\Delta t}}{m}\right) &= (r + \omega + \theta)^2(\Delta t) + \\ &\quad (\sigma_J^2 + \nu\theta^2)\Delta t + O\left(\frac{\sqrt{\Delta t}}{m}\right)\end{aligned}$$

从而有

$$\begin{aligned}&\overline{V}_t(x_i^n,\ t_n) + (r+\omega+\theta)\overline{V}_x(x_i^n,\ t_n) - r\overline{V}(x_i^n,\ t_n) + \frac{1}{2}(\sigma_J^2+\nu\theta^2)\overline{V}_{xx}(x_i^n,\ t_n) + \\ &\frac{1}{\Delta t}\sum_{k=3}^{+\infty}\frac{1}{k!}\overline{V}^{(k)}(x_i^n,\ t_n)E_{\Delta t}^{(k)} + O(\Delta t) + O\left(\frac{1}{m\sqrt{\Delta t}}\right) = 0\end{aligned} \tag{5.40}$$

另外，对 $\overline{V}(x_i^n+y,\ t_n)$ 在 $(X_i^n,\ t_n)$ 处做泰勒展开为

$$\begin{aligned}\overline{V}(x_i^n + y,\ t_n) &= \overline{V}(x_i^n,\ t_n) + \overline{V}_x(x_i^n,\ t_n)y + \frac{1}{2}\overline{V}_{xx}(x_i^n,\ t_n)y^2 + \\ &\quad \sum_{k=3}^{+\infty}\frac{1}{k!}\overline{V}^{(k)}(x_i^n,\ t_n)y^k\end{aligned}$$

由

$$\int_{-\infty}^{+\infty} y v(y)\,\mathrm{d}y = \theta,\ \int_{-\infty}^{+\infty} y^2 v(y)\,\mathrm{d}y = \sigma_J^2 + \nu\theta^2$$

得到

$$\int_{-\infty}^{+\infty} y^k v(y)\,\mathrm{d}y = \frac{1}{\Delta t}E_{\Delta t}^{(k)} + O(\Delta t),\ k \geqslant 3$$

从而有

$$\int_{-\infty}^{+\infty} [\overline{V}(x_i^n + y,\ t_n) - \overline{V}(x_i^n,\ t_n)]\, v(y)\,\mathrm{d}y = \tag{5.41}$$

$$\theta\, \overline{V}_x(x_i^n,\ t_n) + \frac{1}{2}(\sigma_J^2 + \nu\theta^2)\, \overline{V}_{xx}(x_i^n,\ t_n) + \frac{1}{\Delta t}\sum_{k=3}^{+\infty} \frac{1}{k!}\, \overline{V}^{(k)}(x_i^n,\ t_n)E_{\Delta t}^{(k)} + O(\Delta t)$$

结合式(5.40)和(5.41)，得到

$$\overline{V}_t(x_i^n,\ t_n)+(r+\omega)\overline{V}_x(x_i^n,\ t_n)-r\overline{V}(x_i^n,\ t_n)+ \tag{5.42}$$

$$\int_{-\infty}^{+\infty} [\overline{V}(x_i^n + y,\ t_n) - \overline{V}(x_i^n,\ t_n)]\, v(y)\,\mathrm{d}y + O(\Delta t) + O\left(\frac{1}{m\sqrt{\Delta t}}\right) = 0$$

比较式(5.42)与(5.36)，可以看到欧式期权 $\overline{V}(x_i^n,\ t_n)$ (5.37)满足 PIDE(5.36)，其误差为 $O(\Delta t)+O\left(\frac{1}{m\sqrt{\Delta t}}\right)$。当 m 为 $O(\Delta t^{-3/2})$ 时，误差变为 $O(\Delta t)+O\left(\frac{1}{m\sqrt{\Delta t}}\right)$，即为 $O(\Delta t)$。

定理 5.8 避免了高阶矩，柳树方法误差仅依赖于时间剖分 Δt。

5.5 数值算例

对 5 种类型 Lévy 过程，即 VG、CGMY、NIG、MJD 与 DEJD 模型将给予详细研究，标的资产价格 $S_0=100$，无风险利率 $r=0.03$。所有参数列入表 5-2 中。考虑欧式美式期权，这里 $K=95,\ 96,\ \cdots,\ 110$，到期日 $T=0.5$ 年，1.0 年，1.5 年。柳树结构创建 $\Delta t=0.02$，即 $N=T/\Delta t$，

$m=200$ 且 $\hat{p}_i=\frac{1}{m}$积分计算时参数设置为 $\underline{u}=0.01$，$\underline{M}=100$，$\overline{M}=2000$。$\overline{u}$ 由式(5.18)决定，从而 $R(\overline{u})\leqslant 10^{-6}$。Monte Carlo 计算 $\Delta t=0.002$，10 万条模拟路径。所有实验在 Matlab R2012b 上运行，机器参数为 Intel(R) Core(TM)i7-8550U CPU@1.80GHz，8GB RAM under Windows 10。

首先验证离散对 $\{X_i^n, \hat{p}_i^n\}$ 的逼近效果。表 5-3 列出了时刻 $t_n=0.2, 0.4, 0.6$ 处均值、方差、偏度与峰度，离散值与理论值基本保持一致。

表 5-4、表 5-5 记录了期权价值，分别通过 WT、MC 及 Cosine Willow Tree(CWT)方法计算得到。WT 的相对误差低于 1%。WT 方法的计算时间大于 COS 方法，但是远小于 MC 方法。本书提出的柳树方法在处理复杂期权，如美式期权方面具有很大优势。

接下来，验证计算方法对 $\overline{u}$、$\underline{M}$ 及 $\overline{M}$ 的敏感性，仅讨论 VG 过程。表 5-6 记录了当 $\overline{u}$ 变化时的相对误差与绝对误差。正如定理所示，大的 $\overline{u}$ 导致 p_{ij}^n的小误差。表 5-6 表明 $\overline{u}$ 大于 5000 时，误差不再有大的变换，从而实验表明合适的 hus、$\overline{au}$ 值对转移概率 p_{ij}^n 的计算是重要的。

表 5-7 记录了在不同网格积分下的绝对误差与相对误差。子表 A 记录参数 $\underline{M}$ 对非正常积分的影响，子表 B 记录参数 $\overline{M}-\underline{M}$ 对非正常积分的影响。子表 C 列出 WT 方法的收敛性。当网格数量翻倍时，绝对误差 4 倍缩小，说明 2 阶收敛，其收敛阶定义为

$$R=-\log_2(AE_{2\underline{M}}/AE_{\underline{M}}) \text{ 或者} -\log_2[AE_{2(\overline{M}-\underline{M})}/AE_{\overline{M}-\underline{M}}]$$

说明要获得较高的数值精度，适当的 $\underline{M}$ 和 $\overline{M}-\underline{M}$ 是必要的。

表 5-8 说明了 Johnson 曲线矩匹配可能发生错误。对于 MJD 过程，取 $T=0.8$，Johnson 曲线在 $N=10, 20, 30, 40$ 时正常工作，但当 $N=50$ 时匹配失败。本书提出的方法较 Xu(2013)中的柳树方法，在精确度和

收敛性方面都是具有优势的。

最后考察柳树方法关于 m 与 N 的收敛性。图 5-5 画出了柳树方法在固定时间剖分 Δt 下，关于空间剖分参数 m 的收敛性。结果表明欧式期权关于 m 并不十分敏感，当 m 达到 100 以上，期权价值没有太大变化。期权价值关于参数 m 有很大改进，但 m 超过 140 时，美式期权误差增大。为了达到误差平衡，m 最好设置在 100~120。图 5-6 画出了期权关于 N 的收敛性。N 越大，误差越小，对于欧式期权与美式期权都是这样的。这些结果是符合理论结果定理 5. 8 的。

表 5-3　VG 模型计算结果

	$t=0.2$		$t=0.4$		$t=0.6$	
	WT	基准	WT	基准	WT	基准
均值	-0. 0020	-0. 0020	-0. 0040	-0. 0040	-0. 0060	-0. 0060
方差	0. 0161	0. 0161	0. 0322	0. 0323	0. 0483	0. 0484
偏度	-0. 2421	-0. 2477	-0. 1717	-0. 1751	-1. 1404	-0. 1430
峰度	4. 1196	4. 2920	3. 5473	3. 6460	3. 3546	3. 4307

表 5-4　欧式期权计算结果比较

K	$T=0.5$				$T=1.0$				$T=1.5$			
	COS	MC	WT	CWT	COS	MC	WT	CWT	COS	MC	WT	CWT
VG 过程												
95	8. 44	8. 45	8. 43	8. 425	10. 9	10. 9	10. 98	10. 97	13. 14	13. 22	13. 13	13. 13
100	5. 321	5. 32	5. 31	5. 309	8. 01	7. 95	8. 00	8. 00	10. 30	10. 30	10. 22	10. 22
105	3. 059	3. 06	3. 054	3. 407	5. 62	5. 58	5. 61	5. 61	7. 79	7. 78	7. 78	7. 78
时间(秒)	<0. 1	17. 5	1. 4	0. 21	<0. 1	32	1. 7	0. 4	<0. 1	50. 3	2. 3	0. 62
CGMY 过程												
95	13. 6	14. 1	13. 6	13. 6	18. 9	18. 9	18. 9	18. 9	23. 0	23. 4	22. 9	22. 9
100	11. 2	11. 6	11. 2	11. 1	18. 6	16. 6	16. 6	16. 6	20. 8	21. 2	20. 7	20. 7
105	9. 19	9. 53	9. 15	9. 15	14. 6	14. 6	14. 6	14. 6	18. 8	18. 8	18. 7	18. 7
时间(秒)	<0. 1	45. 3	0. 8	0. 57	<0. 1	97. 0	1. 4	0. 63	<0. 1	152	1. 73	0. 71

续表

K	T=0.5				T=1.0				T=1.5			
	COS	MC	WT	CWT	COS	MC	WT	CWT	COS	MC	WT	CWT
NIG 过程												
95	9.18	9.21	9.18	9.18	12.08	12.0	12.1	12.0	14.5	14.4	14.4	14.4
100	6.12	6.13	6.12	6.12	9.19	9.13	9.18	9.19	11.7	11.59	11.6	11.6
105	3.80	3.80	3.79	3.79	6.79	6.75	6.79	6.80	9.26	9.18	9.25	9.26
时间(秒)	<0.1	14.5	2.0	0.38	<0.1	26	2.9	0.31	<0.1	49.4	3.4	0.43
MJD 过程												
95	8.593	8.56	8.576	8.648	11.33	11.3	11.3	11.3	13.6	23.6	13.5	13.6
100	5.268	5.24	5.251	5.279	8.182	8.16	8.16	8.15	11.6	11.5	11.6	11.6
105	2.884	2.86	2.867	2.846	5.632	5.61	5.61	5.60	9.26	9.18	9.25	9.26
时间(秒)	<0.1	9.5	1.05	0.47	<0.1	22	2.1	0.53	<0.1	55	2.4	0.61
DEJD 过程												
95	10.7	10.6	10.7	10.7	14.3	14.3	14.2	14.3	17.2	17.2	17.1	17.2
100	7.71	7.68	7.68	7.70	11.5	11.5	11.4	11.5	14.5	14.5	14.4	14.5
105	5.23	5.23	5.20	5.22	9.07	9.09	9.03	9.06	12.13	12.16	12.08	12.12
时间(秒)	<0.1	355	0.90	1.25	<0.1	78	1.3	2.04	<0.1	108	1.9	2.43

表 5-5 美式期权计算结果比较

K	T=0.5			T=1.0			T=1.5		
	MC	WT	CWT	MC	WT	CWT	MC	WT	CWT
VG 过程									
95	1.89	1.88	1.86	2.93	2.92	3.96	3.61	3.63	3.63
100	3.68	3.65	3.62	4.82	4.80	4.79	5.54	5.53	5.53
105	6.42	6.38	6.37	7.43	7.40	7.43	8.08	8.04	8.13
时间(秒)	98.8	2.0	8.4	202	3.2	12.7	356	3.3	22.3

续表

K	T=0.5			T=1.0			T=1.5		
	MC	WT	CWT	MC	WT	CWT	MC	WT	CWT
CGMY 过程									
95	7.21	7.36	7.27	11.2	11.3	11.2	14.1	14.1	14.0
100	9.80	9.83	9.82	13.8	13.9	13.8	16.7	16.8	16.7
105	12.7	12.73	12.6	16.7	16.7	16.7	19.5	19.5	19.5
时间(秒)	314	2.2	2.3	335	2.7	4.5	753	2.2	5.7
NIG 过程									
95	2.86	2.84	2.81	4.52	4.48	4.51	5.70	5.65	5.61
100	4.84	4.79	4.78	6.61	6.56	6.52	7.85	7.80	7.75
105	7.51	7.48	7.49	9.25	9.19	9.13	10.4	10.4	10.3
时间(秒)	305	1.3	1.6	607	2.6	2.56	909	3.4	3.2
MJD 过程									
95	2.26	2.65	2.24	3.73	3.75	3.72	4.82	4.88	4.79
100	3.93	3.94	3.95	5.57	5.65	5.55	6.76	6.75	6.77
105	6.06	6.64	6.54	8.08	8.09	8.00	9.22	9.20	9.10
时间(秒)	98	3.5	2.9	205	5.2	6.5	290	7.4	7.4
DEJD 过程									
95	4.46	4.44	4.40	6.77	6.82	6.76	8.62	8.54	8.46
100	6.42	6.39	6.34	8.90	8.96	8.92	10.8	10.7	10.7
105	8.96	8.93	8.87	11.4	11.5	11.43	13.4	13.4	13.4
时间(秒)	37	1.2	1.7	81	5.2	4.1	122	2.8	6.0

表 5-6 关于参数($\underline{M}$, $\overline{M}-\underline{M}$)的计算误差

不同价值的误差								
$\bar{u}$	5000	10000	15000	20000	25000	30000	35000	40000
AE	0.0131	0.0136	0.0139	0.0142	0.0144	0.0145	0.0146	0.0147
RE	4.45e-4	4.63e-4	4.74e-4	4.89e-4	4.93e-4	4.96e-4	4.96e-4	5.03e-4

表 5-7 关于参数($\underline{M}$, $\overline{M}-\underline{M}$)的计算误差

面板 A							
($\underline{M}$, $\overline{M}-\underline{M}$)	(53, 200)	(10, 3200)	(20, 3200)	(40, 3200)	(80, 3200)	(160, 3200)	(320, 3200)
时间(秒)	0. 32	0. 32	0. 33	0. 33	0. 35	0. 39	0. 37
AE	1. 95e+01	4. 94e+00	1. 23e+00	3. 07e−01	7. 53e−02	1. 74e−02	2. 95e−3
RE	6. 67e+01	1. 687e−01	4. 20e−02	1. 048−02	2. 57e−3	5. 9e−04	1. 01e−04
Conv. rate	—	1. 983	2. 004	2. 004	2. 027	2. 112	2. 582
面板 B							
($\underline{M}$, $\overline{M}-\underline{M}$)	(320, 50)	(320, 100)	(320, 200)	(320, 400)	(320, 800)	(320, 1600)	(320, 3200)
时间(秒)	0. 04	0. 04	0. 05	0. 06	0. 08	0. 14	0. 34
AE	5. 06e−01	2. 43e−01	9. 34e−2	2. 94e−02	6. 98e−03	4. 38e−02	2. 95e−03
RE	1. 72e−02	8. 29e−03	3. 18e−03	1. 01e−03	2. 38e−04	6. 02e−5	1. 51e−05
Conv. rate	—	1. 059	1. 380	1. 665	2. 078	1. 985	1. 991
面板 C							
($\underline{M}$, $\overline{M}-\underline{M}$)	(5, 50)	(10, 100)	(20, 200)	(40, 400)	(80, 800)	(160, 1600)	(320, 3200)
时间(秒)	0. 04	0. 04	0. 05	0. 05	0. 08	0. 11	0. 37
AE	1. 87e+01	4. 16e+00	1. 02e+00	2. 50e−01	6. 28e−02	1. 46e−02	2. 95e−03
RE	6. 38e−01	1. 42e−01	3. 47e−02	8. 54e−03	5. 03e−04	5. 03e−04	1. 07e−04
Conv. rate	—	2. 2	2. 0	2. 0	2. 0	2. 0	2. 3

表 5-8 欧式看涨期权与美式看跌期权关于 N 的收敛性

欧式期权											
	WT 方法不同 N					基准	CWT 方法不同 N				
	10	20	30	40	50		10	20	30	40	50
90	14. 07	14. 07	14. 08	14. 08	14. 08	14. 08	14. 04	14. 03	14. 04	13. 98	下跌
95	10. 29	10. 30	13. 30	13. 30	13. 30	13. 30	10. 26	10. 26	10. 26	10. 26	下跌
100	7. 090	7. 096	7. 101	7. 101	7. 103	7. 101	7. 061	7. 061	7. 061	7. 061	下跌
105	4. 580	4. 585	4. 590	4. 590	4. 593	4. 590	4. 551	4. 548	4. 554	4. 552	下跌
110	2. 783	2. 788	2. 794	2. 794	2. 792	2. 793	2. 753	2. 761	2. 754	2. 737	下跌

续表

美式期权											
	WT 方法不同 N					基准	CWT 方法不同 N				
	10	20	30	40	50		10	20	30	40	50
90	2.025	2.046	2.065	2.085	2.117	2.115	3.026	2.068	2.111	2.119	下跌
95	3.179	3.202	3.222	3.242	3.273	3.272	3.181	3.226	3.271	3.278	下跌
100	4.937	4.966	4.988	5.001	5.042	5.050	4.939	4.989	5.047	5.104	下跌
105	7.463	7.499	7.523	7.547	7.579	7.581	7.466	7.521	7.578	7.625	下跌
110	10.83	10.87	10.92	10.93	10.95	10.95	10.83	10.89	10.95	11.01	下跌

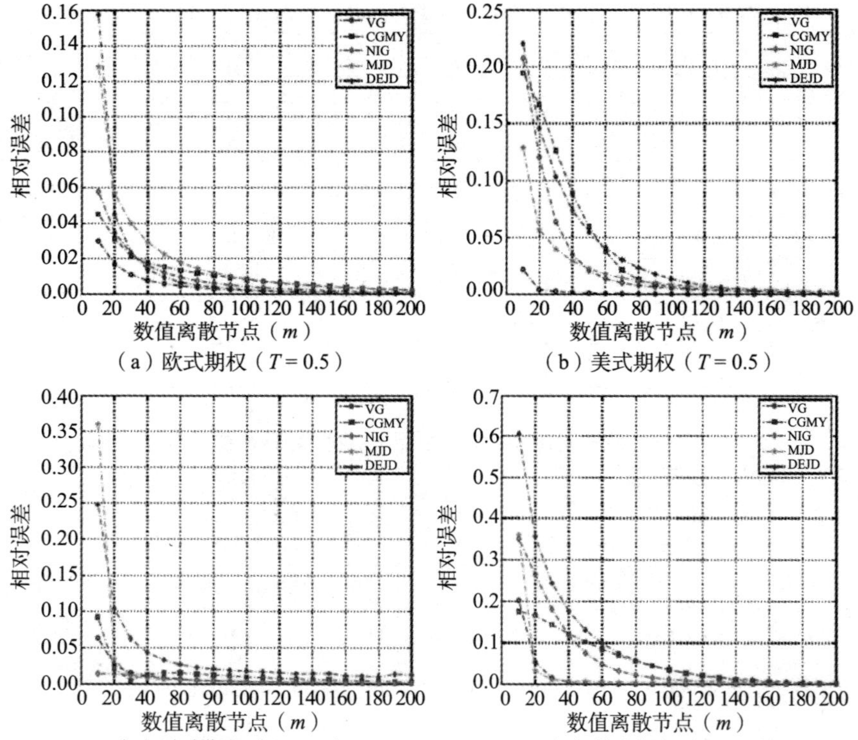

（a）欧式期权（$T=0.5$）（b）美式期权（$T=0.5$）

（c）欧式期权（$T=1.5$）（d）美式期权（$T=1.5$）

图 5-5　柳树方法关于 m 的收敛性

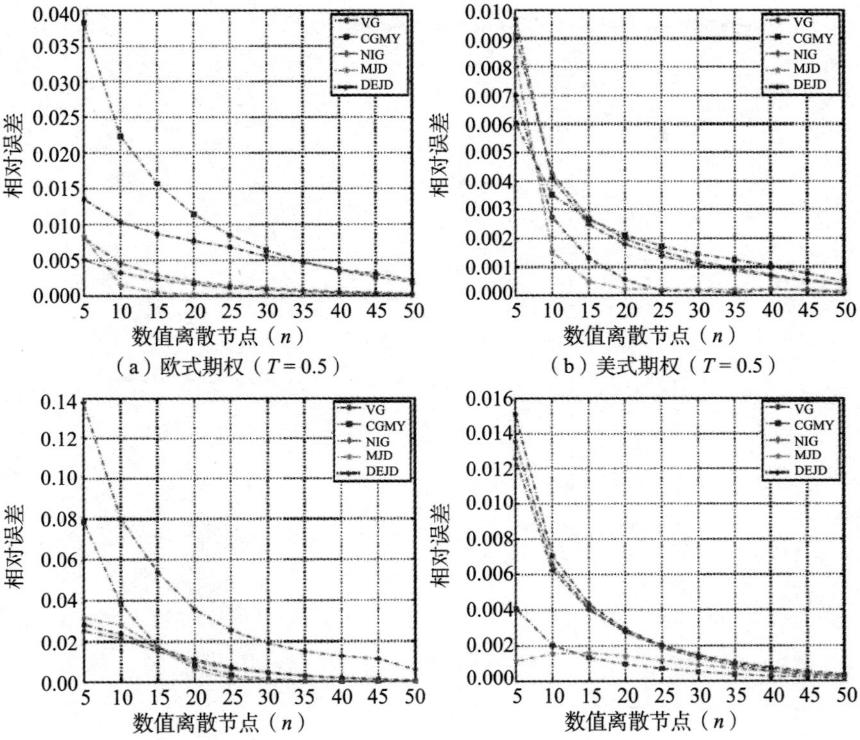

（a）欧式期权（$T=0.5$）

（b）美式期权（$T=0.5$）

（c）欧式期权（$T=1.5$）

（d）美式期权（$T=1.5$）

图 5-6　柳树方法关于 n 的收敛性

5.6　小结

本章给出一个鲁棒的柳树方法计算 Lévy 过程期权。与文献（Ma，2021）比较，本章方法有几个优点：①无须通过矩匹配计算来确定节点剖分；②欧式期权计算的误差只依赖于时间剖分 Δt；③数值实验表明理论结果是可靠的；④本章提出的方法可以推广到广义双曲模型（Eberlin，1998）、有限对数稳定矩（FMLS，Carr，2003）及其他具有特征函数的模型。

6

广义双曲Lévy过程的柳树方法

6.1 引言

Lévy 过程是一般扩散过程的推广，它允许无限跳跃活动。标准的 Lévy 跳扩散假定增量稳定。这种 Lévy 假定使得衍生证券有更为广泛的选择与描述。广义双曲过程是一类应用广泛的 Lévy过程，包括方差伽玛(Variance Gamma, VG)、正态逆高斯(Normal Inverse Gaussian, NIG)，这是两类重要的 GH 模型。VG 与 NIG 可以由随机时钟获得，时变过程与一般 Lévy 过程表现出随机波动率特征，从而可以捕捉波动率微笑与期限结构等特征。双曲分布(Hyperbolic Distribution, HYP)、高斯正态分布(Gauss Normal, GN)也可以看作 GH 模型的子类。

Lévy 过程需要预先使用区间[a, b]来截断无穷区间($-\infty$, $+\infty$)(Hirsa, 2016)，PROJ 方法克服了这些缺点，可以应用到多种期权，但是它的扩展能力较差。柳树方法的关键是快速有效地构建柳树结构。

本章主要贡献如下：

(1)设定合适的股票价格离散节点数量 m，计算从时间 t_n 到 t_{n+1} 转移概率 $p_{ij}^{(n)}$，最终构造 WTs 结构。与文献(Ma, 2021)不同，本章无须 Lévy 过程的 k 阶矩估计，这样构造出来的柳树方法比其他方法具有更大的优越性。

(2)证明了柳树方法的收敛性与 $O(\Delta t)$相关，同时给出一些数值算例证明柳树方法的有效性与精确度。

6.2 GH Lévy 过程

在期权定价中，假定标的资产价格是服从指数 Lévy 过程的

$$S_t = S_0 e^{(r+\omega_{GH})t+X_t} \tag{6.1}$$

这里 r 是无风险利率，ω_{GH}是在测度 Q 下的校正参数。在 GH Lévy 过程中，比起经典 BS 模型，期权定价更为复杂。对于 FDMs 方法，偏积分微分方法需要被建立，然后用数值方法来求解这些 PIDEs。对于二叉树方法(BTM)和柳树方法(WTMs)来说，计算转移概率是核心困难。FMDs 与 WYMs 都不是简单的，其计算复杂度较高。

考虑广义双曲(Generalized Hyperbolic，GH)模型，其特征函数(CF)具有 5 个参数(α，β，δ，μ，λ)

$$\varphi^{GH}(u) = e^{i\mu u}\left[\frac{\alpha^2-\beta^2}{\alpha^2-(\beta+iu)^2}\right]^{\lambda/2}\frac{K_\lambda\left[\delta\sqrt{\alpha^2-(\beta+iu)^2}\right]}{K_\lambda\left(\delta\sqrt{\alpha^2-\beta^2}\right)} \tag{6.2}$$

这里 $K_\lambda(\cdot)$是 λ^{th}-第二类修正贝塞尔函数，GH 模型特征函数 $\rho^{GH}(x)$被定义为

$$\rho^{GH}(x) = \frac{(\alpha^2-\beta^2)^{\frac{\lambda}{2}}[\delta^2+(x-\mu)^2]^{\frac{\lambda}{2}-\frac{1}{4}}}{\sqrt{2\pi}(\alpha\delta)^{\lambda-\frac{1}{2}}\delta^{1/2}K_\lambda(\delta\sqrt{\alpha^2-\beta^2})}e^{\beta(x-\mu)}K_{\lambda-\frac{1}{2}}\left[\alpha\sqrt{\delta^2+(x-\mu)^2}\right] \tag{6.3}$$

在 CFs(6.2)中，$\mu \in R$，其他参数满足下列约束

$$\delta \geqslant 0,\ \alpha > 0,\ |\beta| < \alpha,\ \lambda > 0 \tag{6.4}$$

$$\delta > 0,\ \alpha > 0,\ |\beta| < \alpha,\ \lambda = 0 \tag{6.5}$$

$$\delta > 0,\ \alpha \geqslant 0,\ |\beta| \leqslant \alpha,\ \lambda < 0 \tag{6.6}$$

GH 分布包含了一些子类：参数 λ 决定 GH 子类类型。当$\lambda=1$，GH 分布为双曲分布(Hyperbolic Distribution，HYP)，其密度函数的对数是双曲函

数。如果$\delta\to\infty$并且$\frac{\delta}{\alpha}\to\delta^2$，GH 分布变为高斯正态分布(Gauss Normal, GN)。另外，当$\delta=0$，$\mu=0$时，GH 分布变为方差伽玛(Variance Gamma, VG)分布。当$\lambda=-\frac{1}{2}$，变为正态逆高斯分布(Normal Inverse Gaussian, NIG)。表 6-1 给出了 GH 分布的 4 种类型。

表 6-1 GH 分布的 4 种类型

参数	分布类型
$\lambda=1$	双曲(HYP)分布
$\lambda=-\frac{1}{2}$	正态逆高斯(NIG)分布
$\frac{\delta}{a}\to\sigma^2$ 和 $\delta\to\infty$	高斯正态(GN)分布
$\delta=0$，$\mu=0$	方差伽玛(VG)分布

图 6-1 画出了密度函数$\rho^{GH}(x)$的图形。该图显示参数α、β以及δ决定了密度函数的尾部特征、偏度和峰度等形状。

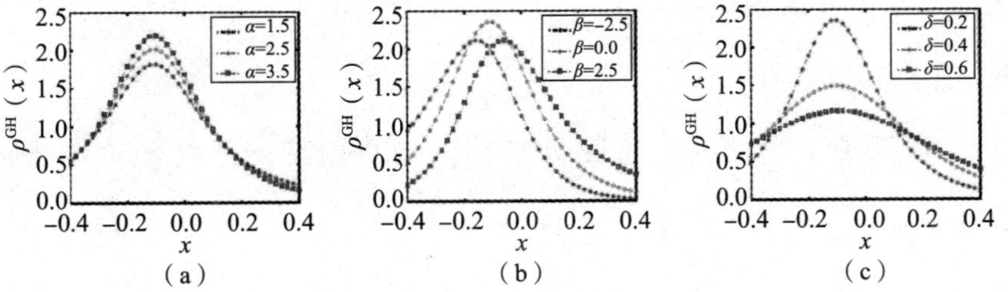

图 6-1 GH 模型的密度函数

$\rho^{GH}(x)$，参数$\lambda=-1/2$，$\alpha=4.5$，$\beta=0.15$，$\mu=-0.1$，$\delta=0.2$。

由于 GH 模型无限可分，可以构建 GH Lévy 过程X_t，其分布函数具有特征函数$\varphi_{X_t}(u)$，特征函数表示为

$$\varphi_{X_t}(u)=E[\mathrm{e}^{\mathrm{i}uX_t}]=\int_{-\infty}^{+\infty}\mathrm{e}^{\mathrm{i}ux}\rho^{\mathrm{GH}_t}(x)\,\mathrm{d}x=[\varphi^{\mathrm{GH}}(u)]^t=\mathrm{e}^{\mathrm{i}\mu ut}[\tilde{\varphi}^{\mathrm{GH}}(u)]^t \tag{6.7}$$

这里 $\mathrm{i}=\sqrt{-1}$，$\rho^{\mathrm{GH}_t}(x)$ 为 GH 过程在时刻 t 的密度函数，$\varphi^{\mathrm{GH}}(u)$ 为特征函数由式(6.2)定义。函数 $\tilde{\varphi}^{\mathrm{GH}}(u)=\varphi^{\mathrm{GH}}(u)\mathrm{e}^{-\mathrm{i}\mu u}$ 为去掉振荡部分 $\mathrm{e}^{\mathrm{i}\mu u}$ 的结果。特征指数定义为

$$\psi_X(u)=\frac{1}{t}\log\varphi_{X_t}(u)=\log\varphi^{\mathrm{GH}}(u) \tag{6.8}$$

既然 Lévy 过程无限可分，有 Lévy 表示定理

$$\psi_X(u)=\mathrm{i}\mu u-\frac{\sigma^2u^2}{2}-\int_{R/\{0\}}(1-\mathrm{e}^{\mathrm{i}\mu u}+\mathrm{i}ux1_{|x|<1})\Pi(\mathrm{d}x) \tag{6.9}$$

Lévy 测度 $\Pi(\mathrm{d}x)$ 是排除 $\Pi(\{0\})=0$ 部分的积分。三元素(μ，σ^2，Π)被称为 X_t Lévy 的特征，这里 $\mu\in R$ 为漂移常数，$\sigma>0$ 为连续部分常数波动率，Π 为 Lévy 测度，表示单位时间的跳跃。在 GH 模型中参数 σ 设置为 0。GH 模型的 Lévy 测度没有解析表达式，其密度函数或者分布函数需要数值求解。为满足条件 $E_Q[S_t|S_0]=S_0$，校正参数 $\omega_{\mathrm{GH}}=-\psi_X(-\mathrm{i})$。

运用数值计算方法，密度函数 $\rho^{\mathrm{GH}_t}(x)$ 可由特征函数 $\varphi_{X_t}(u)$ 进行恢复

$$\rho^{\mathrm{GH}_t}(x)=\frac{1}{2\pi}\int_{-\infty}^{+\infty}\mathrm{e}^{-iux}\varphi_{X_t}(u)\,\mathrm{d}u=\frac{1}{2\pi}\int_{-\infty}^{+\infty}\mathrm{e}^{-\mathrm{i}u(x-\mu t)}[\tilde{\varphi}_X(u)]^t\mathrm{d}u \tag{6.10}$$

$\tilde{\varphi}_X(u)$ 由式(6.7)定义，积分因子 $\mathrm{e}^{-\mathrm{i}u(x-\mu t)}$ 高频振荡，$\tilde{\varphi}_X(u)$ 随 $|u|\to\infty$ 快速衰减，这个观察对于密度函数 $\rho^{\mathrm{GH}_t}(x)$ 的数值计算非常重要。

6.3 柳树方法

6.3.1 柳树结构

GH 柳树结构记作$\{X_i^n, S_i^n, p_{ij}^{(n)}\}$，这里 X_i^n 为 Lévy 过程 X_t 在时刻 t_n 的离散，即 $S_i^n=S_0 e^{(r+\omega_{GH})t_n+X_i^n}$ 为标的资产离散价格，$p_{ij}^{(n)}$ 为转移概率。如图 6-2 所示，柳树构造有以下主要步骤：选择合适的股票价格离散节点 $X_i^n(i=1, 2, \cdots, m; n=1, 2, \cdots, N)$，转移概率 $p_{ij}^{(n)}$，从 X_i^n 到 X_j^{n+1}。时间离散为

$$0=t_0<t_1<t_2<\cdots<t_N=T, \quad t_n=n\Delta t, \quad \Delta t=T/N, \quad n=1, 2, \cdots, N$$

首先选择离散对$\{(X_i^n, q_i)\}(i=1, 2, \cdots, m; n=1, 2, \cdots, N)$来逼近 X_t。$X_t=X_i^n$ 的累积分布函数为

$$F^n(X_i^n)=\int_{-\infty}^{X_i^n}\rho^{GH_{t_n}}(x)\,dx=q_i, \quad i=1, 2, \cdots, m; \ n=1, 2, \cdots, N \tag{6.11}$$

给定概率

$$q_i=(i-0.5)/m, \quad i=1, 2, \cdots, m \tag{6.12}$$

求解方程(6.11)，从而得到 X_i^n。与文献不同，决定 X_i^n 无须计算 k 阶矩。从 t_n 到 t_{n+1}的转移概率计算如下

$$p_{ij}^{(n)}=P[\Delta_{n,ij}^{(down)}\leqslant X^{n+1}-X_i^n\leqslant\Delta_{n,ij}^{(up)}]=\int_{\Delta_{n,ij}^{(down)}}^{\Delta_{n,ij}^{(up)}}\rho^{GH_{\Delta t}}(x)\,dx \tag{6.13}$$

增量

$$\Delta_{n,ij}^{(down)}=\frac{1}{2}(X_{j-1}^{n+1}+X_j^{n+1})-X_i^n, \quad \Delta_{n,ij}^{(up)}=\frac{1}{2}(X_j^{n+1}+X_{j+1}^{n+1})-X_i^n \tag{6.14}$$

$n=0, 1, \cdots, N-1$，特别地对于 $i\equiv1$，$X_i^0\equiv0$。

有两个重要步骤：一是计算密度函数 $\rho^{GH_{t_n}}(x)$ 从而产生空间节点 $\{X_i^n\}$，二是计算转移概率 $p_{ij}^{(n)}$。一旦密度函数 $\rho^{GH_{t_n}}(x)$ 与 $\rho^{GH_{\Delta t}}(x)$ 得以计算，柳树结构可以运用于任何期权类型。

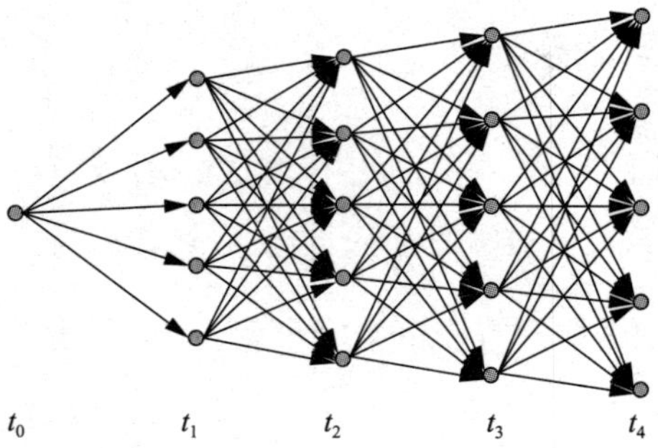

图 6-2　柳树结构示意图

6.3.2　PDF 与 CDF 数值算法

首先计算密度函数 $\rho^{GH_t}(x)$，移除高频截断部分 $e^{iu(x-\mu t)}$ 后考虑

$$\rho^{GH_t}(x)=\frac{1}{2\pi}\int_{-\infty}^{+\infty}e^{-iu(x-\mu t)}[\tilde{\varphi}_X(u)]^t du\approx\frac{1}{2\pi}\int_A^B e^{-iu(x-\mu t)}[\tilde{\varphi}_X(u)]^t du \tag{6.15}$$

在上述表达式中，A 为充分大负数，B 为充分大正数。令节点 $u_k=A+k\Delta u$，$k=0$，1，…，M，$\Delta u=(B-A)/M$。$\rho^{GH_t}(x)$ 有如下数值计算公式

$$\rho^{GH_t}(x)\approx\frac{1}{2\pi}\sum_{k=0}^{M-1}\theta_k^t\int_{u_k}^{u_{k+1}}e^{-iu(x-\mu t)}du=\frac{1}{2\pi i(\mu t-x)}\sum_{k=0}^{M-1}\theta_k^t C_k^t=\tilde{\rho}^{GH_t}(x) \tag{6.16}$$

符号

$$\begin{cases}\theta_k^t=\dfrac{1}{2}\{[\tilde{\varphi}_X(u_k)]^t+[\tilde{\varphi}_X(u_{k+1})]^t\} & (6.17)\\ C_k^t=i(\mu t-x)\displaystyle\int_{u_k}^{u_{k+1}}e^{-iu(x-\mu t)u}du=e^{-i(x-\mu t)u}\Big|_{u=u_k}^{u=u_{k+1}} & (6.18)\end{cases}$$

注 6.1 数值公式(6.16)扮演重要角色，对于 $t=t_n$ 和 $t=\Delta t$，令 $t=t_n$ 可以计算累积分布函数 $F^{t_n}(X_i^n)$。节点 $\{X_i^n\}$ 通过求解方程 $F^{t_n}(X_i^n)=q_i$ 获得，这里 $i=1, 2, \cdots, m$。当 $t=\Delta t$ 时，转移概率 $p_{ij}^{(n)}$ 能够被数值计算。

注 6.2 因为特征函数 $\varphi_X(u)$ 的绝对值随着 u 趋向 $-\infty$ 而趋于 0，节点 $\{u_k\}$ 可以取非一致剖分，如 $u_k=B(k/M)^2$ 与 $u_k=A(k/M)^2$ for $k=1, 2, \cdots, M$。使用这种非一致剖分 $\{u_k\}$，可以使用更少的节点数量得到更高的精度 $\tilde{\rho}^{GH_t}(x)$。

接下来，利用定义(6.13)计算转移概率 $p_{ij}^{(n)}$，取离散值

$$-\infty < x_0 < x_1 < \cdots < x_i = X_i^n$$

这里 x_0 为负充分大，$\Delta x=\max\limits_{1\leqslant j\leqslant i}[x_j-x_{j-1}]$ 充分小，累积分布函数 $F^{t_n}(X_i^n)$ 有近似计算

$$F^{t_n}(X_i^n) \approx \frac{1}{2}\sum_{j=1}^{i}[\rho^{GH_{t_n}}(x_{j-1}) + \rho^{GH_{t_n}}(x_j)](x_j - x_{j-1}) \tag{6.19}$$

$i=1, 2, \cdots, m$；$n=1, 2, \cdots, N$。转移概率分布 $p_{ij}^{(n)}$ 逼近计算为

$$p_{ij}^{(n)}=F^{(\Delta t)}[\Delta_{n,ij}^{(up)}]-F^{(\Delta t)}[\Delta_{n,ij}^{(down)}] \tag{6.20}$$

这里 $\Delta_{n,ij}^{(up)}$ 与 $\Delta_{n,ij}^{(down)}$ 被定义为式(6.14)。根据式(6.11)、式(6.16)~(6.20)，算法 6.1 描述如下。

算法 6.1 柳树构造：

步骤 1. 设置 GH 模型参数(α, β, μ, δ, λ, T)。

步骤 2. 设置柳树结构参数(N, m)和 MS。在时刻 $t=t_n$ 和 $t=\Delta t$，设置离散节点 $u_k=A+k\Delta u$。

步骤 3. 应用式(6.17)和式(6.18)计算 θ_k^t 和 C_k^t，$k=0, 1, \cdots, M-1$。

步骤 4. 在给定节点 $\{x_i\}_{i=1:m}$，根据式(6.16)计算 PDFs $\rho^{GH_t}(x)$。产生柳树节点和转移概率。

步骤5. 根据式(6.19)计算 $F^n(X_i^n)$，$t=t_n$。

步骤6. 通过求解式(6.11)决定节点 $X_i^n f$，$n=1, 2, \cdots, N$；$i=1, 2, \cdots, m$。

步骤7. 计算离散股票价

$$S_i^n = S_0 e^{(r+\omega_{GH})t_n + X_i^n},\ n=1, 2, \cdots, N;\ i=1, 2, \cdots, m \tag{6.21}$$

步骤8. 依据式(6.20)计算转移概率

$$p_{ij}^{(n)},\ n=0, 1, \cdots, N-1;\ i, j=1, 2, \cdots, m \tag{6.22}$$

步骤9. GH 模型柳树结构 $\{X_i^n, S_i^n, p_{ij}^{(n)}\}$ 构建完成。

6.3.3 欧式期权与美式期权

构建柳树结构 $\{X_i^n, S_i^n, p_{ij}^{(n)}\}$ 以后，欧式期权与美式期权可以倒向计算。记 V_i^n 为期权在时刻 t_n 的取值，标的资产价格 $S_i^n = S_0 e^{(r+\omega_{GH})t_n + X_i^n}$，期权 V 在时刻 $t=0$ 参数为(S_0, K, T, r)，计算如下

$$\begin{cases} V_i^N = f(S_i^N),\ i = 1, 2, \cdots, m \\ V_i^n = e^{-r\Delta t} \sum_{j=1}^{m} p_{ij}^{(n)} V_j^{n+1},\ n = N-1, N-2, \cdots, 1 \\ V(S_0, K, T, r) = e^{-r\Delta t} \sum_{j=1}^{m} p_{1j}^{(0)} V_j^1 \end{cases} \tag{6.23}$$

当看涨期权时，这里支付函数 $f(\xi)=(\xi-K)^+$，$f(x)=(K-\xi)^+$ 是对于看跌期权而言。

对于 $t=0$ 时刻美式期权 $V(S_0, K, T, r)$ 计算如下

$$\begin{cases} V_i^N = f(S_i^N),\ i = 1, 2, \cdots, m \\ V_i^n = \max\{e^{-r\Delta t} \sum_{j=1}^{m} p_{ij}^{(n)} V_j^{n+1}, f(S_i^n)\},\ n = N-1, N-2, \cdots, 1 \\ V(S_0, K, T, r) = \max\{e^{-r\Delta t} \sum_{j=1}^{m} p_{1j}^{(0)} V_j^1, f(S_0)\} \end{cases} \tag{6.24}$$

柳树算法的美式期权描述在算法 6.2 中。

算法 6.2　美式期权柳树构造：

步骤 1. 设置 GH 模型参数(α, β, μ, δ, λ, T)。

步骤 2. 设置柳树结构参数(N, m)和 MS。

步骤 3. 利用算法 6.1 产生柳树结构$\{X_i^n, S_i^n, p_{ij}^{(n)}\}$。反向递推计算期权价值 $V_i^N = f(S_i^N)$，$i=1, 2, \cdots, m$。

步骤 4.

——计算欧式期权

$$V_i^n(E) = e^{-r\Delta t}\sum_{j=1}^{m} p_{ij}^{(n)} V_j^{n+1},\ i = 1, 2, \cdots, m \tag{6.25}$$

—— 计算 n 时刻行权价值 $V_i^n(A) = f(S_i^n)$，$i = 1, 2, \cdots, m$

—— 计算 n 时刻美式期权

$$V_i^n = \max\{V_i^n(E), V_i^n(A)\},\ i = 1, 2, \cdots, m \tag{6.26}$$

步骤 5. 输出美式期权 $V(S_0, K, T, r) = \max\left\{e^{-r\Delta t}\sum_{j=1}^{m} p_{1j}^{(0)} V_j^1, f(S_0)\right\}$。

6.3.4　节点简单产生

根据算法 6.1，在每个时刻 t_n 产生 m 个空间节点 X_i^n 是十分耗时的，一个简单办法可以克服这个缺点，该方法仅仅依赖累积分布函数(CDFs)$F^{(\Delta t)}(\cdot)$。假定$\{X_i^n\}$已知，节点 X_i^{n+1} 如下产生，寻找 X_i^{n+1} 使得

$$\sum_{j=1}^{m} F^{(\Delta t)}(\Delta_n^{i,j}X) = (i - 0.5) = mq_i, \Delta_n^{i,j}X = X_i^{n+1} - X_j^n \tag{6.27}$$

这里 $i=1, 2, \cdots, m$，$F^{(\Delta t)}(\cdot)$为 GH 模型的累积分布函数 $q_i = (i-0.5)/m$，如果概率分布$\{F, x\}$给定，这里 $F = [F_1, F_2, \cdots, F_L]' x = [x_1, x_2, \cdots, x_L]'$，则 X_i^{n+1} 通过插值获得

$$X_i^{n+1} = \mathrm{interp}(F, x, mq_i) + X_i^n,\ i=1, 2, \cdots, m \tag{6.28}$$

把节点$\{X_i^n, S_i^n\}$的产生方法描述在算法 6.3 之中，相较文献的算法，该方法无须计算 X_t。在节点时间处的 k 阶矩计算更快，柳树修正算法描述如下。

算法 6.3　给出首节点 $X_1^0=0$，$S_1^0=S_0$，产生 CDFs F：

步骤 1. 基于式(6.28)，产生离散分布 $F_j=F^{n=1}(x_j)$，$j=0$，2，…，L，这里 x_0 充分小，x_L 充分大，$\max\limits_{j=1:L}|x_j-x_{j-1}|$ 充分小。

步骤 2. 产生节点 X_i^{n+1}，$n=0$，1，…，$N-1$。

使用插值方法产生 X_i^{n+1}，$X_i^{n+1}=\text{interp}(F, x, mq_i)+X_i^n$，$i=1$，2，…，$m$。

步骤 3. 计算离散股价 $S_i^n=S_0\mathrm{e}^{(r+\omega_{\mathrm{GH}})t_n+X_i^n}$，$\{X_i^n, S_i^n\}$，柳树结构生成。

6.4 收敛性分析

6.4.1 柳树方法误差来源

密度函数计算误差 $\varepsilon(\rho)=\rho^{\mathrm{GH}_t}(x)-\tilde{\rho}^{\mathrm{GH}_t}(x)$，来自计算概率密度函数 PDFs(或 CDFs)以及柳树向后传播算法。一些误差分析如下。

特征函数 $\varphi_X(u)$随着 u 的绝对值增加单调递减，趋于误差$\varepsilon(\rho)$有如下估计。

定理 6.1　假定特征函数对任意 $u\notin(A, B)$满足条件$|\varphi_X(u)|\leqslant\omega/2$，则

$$\varepsilon(\rho)=|\rho^{\mathrm{GH}_t}(x)-\tilde{\rho}^{\mathrm{GH}_t}(x)|\leqslant\frac{1}{2\pi|\mu t-x|}[\varepsilon+O(1/M^2)],\ x\neq\mu t \tag{6.29}$$

这里概率密度函数 $\rho^{GH_t}(x)$ 与估计密度函数 $\tilde{\rho}^{GH_t}(x)$ 被定义于式(6.16)，M 是积分节点 $\{u_k\}$ 的个数。

证明： 显然

$$\varepsilon(\rho)=\rho^{GH_t}(x)-\tilde{\rho}^{GH_t}(x)=\frac{1}{2\pi}$$

$$\int_{-\infty}^{A}e^{-iu(x-\mu t)}g(u;\ t)du+\int_{B}^{+\infty}e^{-iu(x-\mu t)}g(u;\ t)du+\int_{A}^{B}[g(u;\ t)-\bar{g}(u;\ t)]du$$

这里 $g(u;\ t)=[\varphi_X(u)]^t$，$\bar{g}(u;\ t)=\frac{1}{2}[\varphi_X^t(u_k)+\varphi_X^t(u_{k+1})]$ 对任意 $u\in(u_k,\ u_{k+1})$ 成立，有梯形数值积分误差估计

$$|\varepsilon(\rho)|=|\rho^{GH_t}(x)-\tilde{\rho}^{GH_t}(x)|\leqslant\frac{1}{2\pi}$$

$$\left[\frac{\varepsilon}{2}\int_{-\infty}^{A}e^{-iu(x-\mu t)}du+\frac{\varepsilon}{2}\int_{B}^{+\infty}e^{-iu(x-\mu t)}du+\int_{A}^{B}[g(u;\ t)-\bar{g}(u;\ t)]du\right]$$

$$\leqslant\frac{1}{2\pi|\mu t-x|}\left[\varepsilon/2+\varepsilon/2+\frac{B-A}{12M^2}g''_u(\zeta)\right],\ \zeta\in(A,\ B)$$

$$=\frac{1}{2\pi|\mu t-x|}\left[\varepsilon+O(1/M^2)\right],\ \forall x\neq\mu t$$

最后得到误差公式(6.29)。

注 6.3　给定 $x\in R$，为了保证 $\varepsilon(\rho)$ 足够小，A、B 一级 M 必须足够大。对于给定误差 $\varepsilon(\rho)$，一个关于 A 与 B 的简单选择如下

$$\min_{A,B}\{|\varphi_X(A)|,\ |\varphi_X(B)|\}\leqslant\pi\varepsilon(\rho)|\mu t-x|\tag{6.30}$$

然后选择 M 使得

$$\frac{B-A}{12M^2}\max_{\zeta\in[A,B]}|g''_u(\zeta,\ t)|\leqslant\pi\varepsilon(\rho)|\mu t-x|\tag{6.31}$$

表 6-2 给出了 A、B、M 的一些有效选择，使得 $\varepsilon(\rho)\leqslant10^{-6}$。

表 6-2 计算参数 A、B、M 的选择结果

x	A	B	M	x	A	B	M
-1.00	-234	234	26056	1.00	-239	239	30318
-0.10	-260	260	59858	0.10	-291	291	155116
-0.01	-271	271	83034	0.01	-271	271	83034

注：$\Delta t=0.2$，$\varepsilon(\rho)=10^{-6}$，模型参数为 $\lambda=-2$，$\alpha=15$，$\beta=8$，$\delta=0.3$，$\mu=0.7$。

6.4.2 欧式期权柳树方法误差

记 $E_{\Delta t}^{(k)}$ 为条件 k^{th} 节矩增量 $\Delta X=X^{n+1}-X^{n}$，这里假定 $X^{n}=X_{i}^{n}$ 已经给定，即

$$E_{\Delta t}^{(k)}=E[(X^{n+1}-X_{i}^{n})^{k}]=\int_{-\infty}^{+\infty}u^{k}\rho^{\mathrm{GH}_{\Delta t}}(u)\mathrm{d}u,\ k=1,\ 2,\ \cdots \tag{6.32}$$

此处 $\rho^{\mathrm{GH}_{\Delta t}}(u)$ 为给定 $X^{n}=X_{i}^{n}$ 增量的密度函数，为了方便起见，给出下列假定。

假设 6.1 存在一个正常数 H 使得

$$h=\max_{n,i,j}|\Delta_{n,i,j}^{(\mathrm{up})}-\Delta_{n,i,j}^{(\mathrm{down})}|\leqslant\frac{H}{m} \tag{6.33}$$

这里 $n=1,\ 2,\ \cdots,\ N$；$i,\ j=1,\ 2,\ \cdots,\ m$，$\Delta_{n,i,j}^{(\mathrm{up})}$ 与 $\Delta_{n,i,j}^{(\mathrm{down})}$ 定义式见式(6.14)。

引理 6.1 假设 X_t 是 GH Lévy 过程，则其举止 $E[X_t]$ 与方差 $\mathrm{Var}[X_t]$ 有下列结论

$$E[X_t]=\mu+\frac{\beta\delta}{\sqrt{\alpha^2-\beta^2}}\frac{K_{\lambda+1}(\zeta)}{K_{\lambda}(\zeta)} \tag{6.34}$$

$$\mathrm{Var}[X_t]=\delta^2\left\{\frac{K_{\lambda+1}(\zeta)}{K_{\lambda}(\zeta)}+\frac{\beta^2}{\alpha^2-\beta^2}\left[\frac{K_{\lambda+2}(\zeta)}{K_{\lambda}(\zeta)}-\frac{K_{\lambda+1}(\zeta)}{K_{\lambda}(\zeta)}\right]^2\right\} \tag{6.35}$$

这里 $\zeta=\delta\sqrt{\alpha^2-\beta^2}$。

引理 6.2　给定 GH Lévy 过程 X_t，$\Delta X = X^{n+1} - X_i^n$ 的 k 阶条件矩具有估计式 $E_{\Delta}^{(k)} t = O\left[(\Delta t)^k\right]$ for $k \geqslant 1$。

证明：给定 X_t 的特征指数 $\psi_X(u)$ 与特征函数 $\varphi_{X_{\Delta t}}(u)$，可以推出

$$\frac{\mathrm{d}^{k+1}\varphi_{X_{\Delta t}}(u)}{\mathrm{d}u^{k+1}} = \Delta t \sum_{l=0}^{k} \frac{k!}{l!\,(k-l)!}\left[\frac{\mathrm{d}^{l}\varphi_{X_{\Delta t}}(u)}{\mathrm{d}u^{l}}\right]\left[\frac{\mathrm{d}^{k+1-l}\psi_X(u)}{\mathrm{d}u^{k+1-l}}\right],\ k = 0,\ 1,\ \cdots \tag{6.36}$$

既然 $E_{\Delta t}^{(l)} = (-i)^l\left[\frac{\mathrm{d}^{l}\varphi_{X_{\Delta t}}(u)}{\mathrm{d}u^{l}}\right]\Bigg|_{u=0}$，有

$$E_{\Delta t}^{(k+1)} = \Delta t \sum_{l=0}^{k} \frac{k!}{l!\,(k-l)!} c_{k+1-l} E_{\Delta t}^{(l)} \tag{6.37}$$

这里 $c_{k+1-l} = (-i)^{k+1-l}\left[\frac{\mathrm{d}^{k+1-l}\psi_X(u)}{\mathrm{d}u^{k+1-l}}\right]\Bigg|_{u=0}$ 为 X_t 的增量矩，从而得到 $E_{\Delta t}^{(k)} = O\left[(\Delta t)^k\right], k \geqslant 1$，证毕。

接下来的引理给出误差 $R_{\Delta t,m}^{(k)}$、k^{th}阶矩与其离散矩之间的误差估计。

引理 6.3　给定 X_t 为 GH Lévy 过程。在式(6.33)下，即 h 被$\frac{H}{m}$界定，这里 H 为常数，$tE_{\Delta t}^{(k)}$ 预期离散逼近 $\sum_{j=1}^{m} p_{ij}^{(n)}(\Delta X_{ij}^n)^k$ 时的误差有估计

$$\left|R_{\Delta t,\,m}^{(k)}\right| \equiv \left|\sum_{j=1}^{m} p_{ij}^{(n)}(\Delta X_{ij}^n)^k - E_{\Delta t}^{(k)}\right| = O\left(\frac{\sqrt{\Delta t}}{m}\right),\ k \geqslant 1 \tag{6.38}$$

证明：利用积分算子

$$I(f) = \int_{\Delta_{n,\,ij}^{(\text{down})}}^{\Delta_{n,\,ij}^{(\text{up})}} f(u)\,\mathrm{d}u$$

k^{th}阶矩误差 $E_{\Delta t}^{(k)}$ 可以表示为

$$\left|R_{\Delta t,\ m}^{(k)}\right| = \left|\sum_{j=1}^{m} p_{ij}^{(n)}(X_j^{n+1} - X_i^n)^k - \int_{-\infty}^{+\infty} u^k \rho_{\Delta t}^{\mathrm{GH}}(u)\,\mathrm{d}u\right|$$

$$\leqslant \sum_{j=1}^{m} \left| I\left\{[(\Delta X_{ij}^n)^k - u^k]\,\rho^{\mathrm{GH}_{\Delta t}}(u)\right\}\right| = \sum_{l=1}^{k-1} \frac{k!}{l!\ (k-l)!}$$

$$\sum_{j=1}^{m} \left| I\left[u^l(\Delta X_{ij}^n - u)^{k-l}\rho^{\mathrm{GH}_{\Delta t}}(u)\right]\right|$$

利用柯西—施瓦茨定理以及引理 6.2，有

$$\left|R_{\Delta t,\ m}^{(k)}\right| \leqslant \sum_{l=1}^{k-1} \frac{k!}{l!\ (k-l)!} \sum_{j=1}^{m} \left| I\left[u^l(\Delta X_{ij}^n - u)^{k-l}\rho^{\mathrm{GH}_{\Delta t}}(u)\right]\right|$$

$$\leqslant \sum_{l=1}^{k-1} \frac{k!}{l!\ (k-l)!} \left\{\sum_{j=1}^{m} I[u^{2l}\rho^{\mathrm{GH}_{\Delta t}}(u)]\right\}^{\frac{1}{2}} \left\{\sum_{j=1}^{m} I[(\Delta X_{ij}^n - u)^{2(k-l)}\right.$$

$$\left.\rho^{\mathrm{GH}_{\Delta t}}(u)]\right\}^{\frac{1}{2}}$$

$$\leqslant \sum_{l=1}^{k-1} \frac{k!}{l!\ (k-l)!} \left[E_{\Delta X}^{(2l)}\right]^{\frac{1}{2}} \left\{\sum_{j=1}^{m} h_j^{2(k-l)} I\left[\rho^{\mathrm{GH}_{\Delta t}}(u)\right]\right\}^{\frac{1}{2}}$$

$$\leqslant \sum_{l=1}^{k-1} \frac{k!}{l!\ (k-l)!} \left[E_{\Delta t}^{(2l)}\right]^{\frac{1}{2}} \left(\frac{H}{m}\right)^{k-l} = O\left(\frac{\sqrt{\Delta t}}{m}\right),\ k \geqslant 1 \tag{6.39}$$

这就是引理 6.3 的结果，证毕。

下述定理给出柳树方法欧式期权的误差估计。

定理 6.2 给定资产价格 S_t 由指数 Lévy 模型 $S_t = S_0 \mathrm{e}^{(r+\omega\mathrm{GH})t+X_t}$ 控制。在离散时间节点 $0=t_0<t_1<t_2<\cdots<t_N=T$，取 $\Delta t = T/N$，每个时间节点上有 m 个离散股票价格 $X_i^n h$ 满足假设条件式(6.33)，期权价格 $V(x,\ t)$ 与其柳树方法结果 $\overline{V}(x,\ t)$ 之间的误差为 $O(ltat)=O(1/N)$，这里 m 的取法满足 $O(\Delta t^{-3/2})=O(N^{3/2})$。

证明： 众所周知，期权价值 $V(y,\ t)$，$y=\log S(t)$ 是下列积分微分方程(PIDE)的解

$$V_t(y,\ t)+(r+\omega_{\rm GH})V_y(y,\ t)-rV(y,\ t)+\int_{-\infty}^{+\infty}[V(y+\theta,\ t)-V(y,\ t)]\Pi(\mathrm{d}\theta)=0 \tag{6.40}$$

$f(y)=(\mathrm{e}^y-K)^+$对于看涨期权或者$f(y)=(K-\mathrm{e}^y)^+$对于看跌期权，同时满足终端条件 $V(y,\ t)=f(y)$，$\Pi(\mathrm{d}\theta)$为 Lévy 测度。给定柳树结构，欧式期权 $\overline{V}(y_i^n,\ t_n)$，这里 $y_i^n=\log S_i^n=(r+\omega_{\rm GH})t_n+X_i^n$，由后向反推公式(6.21)计算，即

$$\overline{V}(y_i^n,\ t_n)=\mathrm{e}^{-r\Delta t}\sum_{j=1}^{m}p_{ij}^{(n)}\overline{V}(y_j^{n+1},\ t_{n+1}) \tag{6.41}$$

将 $\overline{V}(y_j^{n+1},\ t_{n+1})$在 $\overline{V}(y_i^n,\ t_n)$处进行 Taylor 级数展开，有

$$\overline{V}(y_j^{n+1},\ t_{n+1})=\overline{V}(y_i^n,\ t_n)+\overline{V}(y_i^n,\ t_n)\Delta t+\overline{V}(y_i^n,\ t_n)\Delta Y_{ij}^n+\frac{1}{2}\overline{V}_{yy}(y_i^n,\ t_n)(\Delta Y_{ij}^n)^2+\frac{1}{6}\frac{\partial^3\overline{V}(\xi,\ t_n)}{\partial y^3}(\Delta Y_{ij}^n)^3+O\left[(\Delta t)^2\right]+O(\Delta Y_{ij}^n\Delta t) \tag{6.42}$$

这里 $\Delta Y_{ij}^n=y_j^{n+1}-y_i^n$，$\xi\in(y_i^n,\ y_i^n+\Delta Y_{ij}^n)$，从而式(6.41)可以写成

$$\begin{aligned}\overline{V}(y_i^n,\ t_n)=&\ \mathrm{e}^{-r\Delta t}\sum_{j=1}^{m}p_{ij}^{(n)}\overline{V}(y_j^{n+1},\ t_{n+1})\\ =&\ (1-r\Delta t)\sum_{j=1}^{m}p_{ij}^{(n)}[\overline{V}(y_i^n,\ t_n)+\overline{V}_t(y_i^n,\ t_n)\Delta t+\overline{V}_y(y_i^n,\ t_n)\Delta Y_{ij}^n]+\\ &(1-r\Delta t)\sum_{j=1}^{m}p_{ij}^{(n)}\left[\frac{1}{2}\overline{V}_{yy}(y_i^n,\ t_n)(\Delta Y_{ij}^n)^2+\frac{1}{6}\frac{\partial^3\overline{V}(\xi,\ t_n)}{\partial y^3}(\Delta Y_{ij}^n)^3\right]+\\ &O\left[(\Delta t)^2\right]+O\left[\sum_{j=1}^{m}p_{ij}^{(n)}\Delta Y_{ij}^n\Delta t\right]\end{aligned} \tag{6.43}$$

由引理 6.3，GH 过程 1 阶矩与 2 阶矩逼近有

$$\sum_{j=1}^{m}p_{ij}^{(n)}\Delta Y_{ij}^n=E_{\Delta t}^{(1)}+O\left(\frac{\sqrt{\Delta t}}{m}\right)=(r+\omega_{\rm GH})\Delta t+\Delta tE[X_t]+O\left(\frac{\sqrt{\Delta t}}{m}\right) \tag{6.44}$$

$$\sum_{j=1}^{m} p_{ij}^{(n)}(\Delta Y_{ij}^{n})^{2}=E_{\Delta t}^{(2)}+O\left(\frac{\sqrt{\Delta t}}{m}\right)=\Delta t Var[X_{t}]+O\left(\frac{\sqrt{\Delta t}}{m}\right) \quad (6.45)$$

$$\sum_{j=1}^{m} p_{ij}^{(n)}(\Delta Y_{ij}^{n})^{k}=E_{\Delta t}^{(k)}+O\left(\frac{\sqrt{\Delta t}}{m}\right),\ k \geqslant 3 \quad (6.46)$$

由式(6.43)~(6.46)，有

$$\overline{V}_{t}(y_{i}^{n},\ t_{n})+\left[(r+\omega_{\mathrm{GH}})+\frac{1}{\Delta t}E_{\Delta t}^{(1)}\right]\overline{V}_{y}(y_{i}^{n},\ t_{n})-r\overline{V}(y_{i}^{n},\ t_{n})+\frac{1}{2\Delta t}E_{\Delta t}^{(2)}$$

$$\overline{V}_{yy}(y_{i}^{n},\ t_{n})+\frac{1}{6\Delta t}E_{\Delta t}^{(3)}\frac{\partial^{3}\overline{V}(\xi,\ t_{n})}{\partial y^{3}}+O(\Delta t)+O\left(\frac{\sqrt{\Delta t}}{m}\right)=0,\ \zeta\in(y_{i}^{n},\ y_{i}^{n}+\Delta Y_{ij}^{n})$$

(6.47)

另外由 $\overline{V}(y_{i}^{n}+\theta,\ t_{n})$在$(y_{i}^{n},\ t_{n})$处使用泰勒公式，有

$$\overline{V}(y_{i}^{n}+\theta,\ t_{n})-\overline{V}(y_{i}^{n},\ t_{n})=\overline{V}_{y}(y_{i}^{n},\ t_{n})\theta+\frac{1}{2}\overline{V}_{yy}(y_{i}^{n},\ t_{n})\theta^{2}+\frac{1}{6}\frac{\partial^{3}\overline{V}(\xi,\ t_{n})}{\partial y^{3}}\theta^{3}$$

(6.48)

这里 $\xi\in(y_{i}^{n},\ y_{i}^{n}+\Delta Y_{ij}^{n})$，运用 Lévy 测度公式有

$$\int_{-\infty}^{+\infty}\theta^{k}\,\Pi(\mathrm{d}\theta)=\frac{1}{\Delta t}E_{\Delta t}^{(K)}+O[(\Delta t)^{k}],\ k\geqslant 1 \quad (6.49)$$

从而通过式(6.48)与式(6.49)有

$$\int_{-\infty}^{+\infty}[\overline{V}(y_{i}^{n}+\theta,\ t_{n})-\overline{V}(y_{i}^{n},\ t_{n})]\,\Pi(\mathrm{d}\theta)=$$

$$\frac{1}{\Delta t}E_{\Delta t}^{(1)}\overline{V}_{y}(y_{i}^{n},\ t_{n})+\frac{1}{2\Delta t}E_{\Delta t}^{(2)}\overline{V}_{yy}(y_{i}^{n},\ t_{n})+\frac{1}{6\Delta t}E_{\Delta t}^{(3)}\frac{\partial^{3}\overline{V}(\xi,\ t_{n})}{\partial y^{3}}+O(\Delta t)$$

(6.50)

结合式(6.47)和式(6.50)有

$$\overline{V}_{t}(y_{i}^{n},\ t_{n})+(r+\omega_{\mathrm{GH}})\overline{V}_{y}(y_{i}^{n},\ t_{n})-r\overline{V}(y_{i}^{n},\ t_{n})+$$

$$\int_{-\infty}^{+\infty}[\overline{V}(y_{i}^{n}+\theta,\ t_{n})-\overline{V}(y_{i}^{n},\ t_{n})]\,\Pi(\mathrm{d}\theta)+O(\Delta t)+O\left[\frac{1}{m(\Delta t)}\right]=0$$

(6.51)

在所有节点(y_i^n, t_n)处成立，比较式(6.51)与式(6.40)，任意欧式期权$\overline{V}(y_i^n, t_n)$满足 PIDE(6.40)，其中误差为$O(\text{eltat})+O\left[\frac{1}{m\sqrt{(\Delta t)}}\right]$，当$m$为$O(\Delta t^{-3/2})$时，总误差呈现$O(\Delta t)+O\left[\frac{1}{m\sqrt{(\Delta t)}}\right]$，也就是$O(\Delta t)=O\left(\frac{1}{N}\right)$。

注 6.4 为了获得期权价值高的计算精度，节点个数m应该取$O(N^{3/2})$，因为欧式期权是非路径依赖的，数量N应该取得尽量小。相反，对美式期权，数量m应该足够大，N可能要取得足够多。

6.5 数值算例

为了测试柳树方法期权定价的性能，考虑 4 种类型(GN、HYP、NIG 及 VG)，所有模型参数列在表 6-3 之中。无风险利率、初始股价、到期日分别为$r=0.03$，$S_0=10$，$T=1$。在欧式期权 WT 算法中参数设置为$N=1$，$m=200$；在美式期权中参数设置为$N=100$，$m=200$；在蒙特卡洛(Monte Carlo，MC)模拟中参数设置为$N_{MC}=100$，$M_{MC}=5000000$，这里N_{MC}表示时间剖分数量，M_{MC}表示模拟路径条数。在数值计算式(6.16)中，设置$M=50000$。所有实验在 Matlab R2012b 上运行，计算机性能为 Intel(R) Core(TM) i7-8550U CPU@ 1.80GHz，8GB RAM under Windows 10。

图 6-3 画出了 GN、HYP、NIG、VG 模型在时间$t=1$时的概率密度函数。该图表明数值计算出来的概率密度函数(6.16)与理论值非常相近。在任意时刻$t=\Delta t$概率密度$\rho^{GH_t}(x)$由函数(6.16)计算足够准确。图 6-4 画出了累积分布函数(CDFs)的形状，从这里看出 CDFs 计算结果随

着 M 的增加而收敛。图 6-5 画出了股价节点 X_t^n 与 S_t^n 的轨迹。

MC 模拟与 WT 算法结果列在表 6-4 中。WT 与 MC 的计算结果非常接近，误差在 10^{-3} 量级，WT 的 CPU 时间消耗在 3 秒以内，而 MC 模拟的时间消耗大于 150 秒。表 6-4 的结果说明 WT 方法是有效的，精度也较高。

图 6-6 画出了柳树方法看涨、看跌期权。为了测试柳树方法关于 m 和 N 的收敛性，将一些实验结果列举出来，图 6-7 画出了误差随 m 增大的变化情况，图 6-8 画出了误差随 N 增大的变化情况。表 6-5 显示了关于 N 的数值收敛性。上述实验结果支持理论表述定理 6.2。

表 6-3　GH 模型参数

模型	λ	α	β	δ	μ
GN	−2	15	8	0.3	0.7
HYP	1	15	8	0.3	0.7
NIG	−0.5	15	8	0.3	0.7
VG	−1.5	15	12	0.0001	0.0001

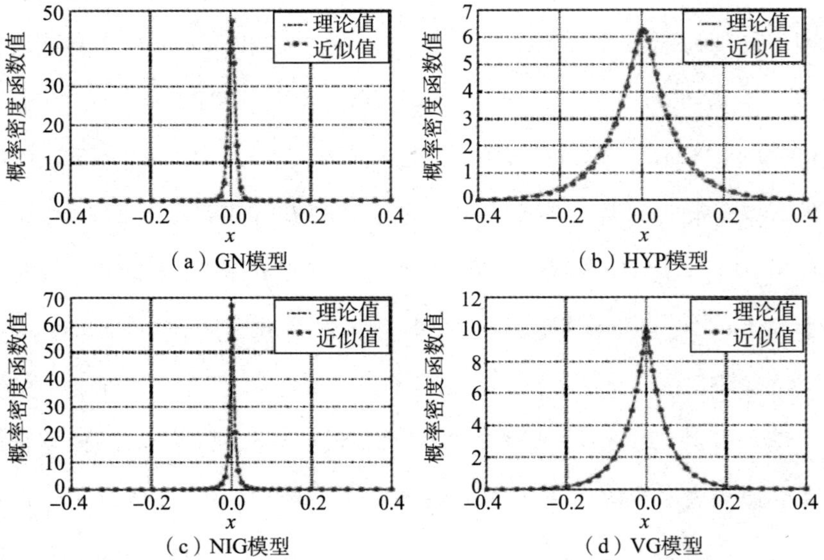

图 6-3　GH Lévy 过程密度函数

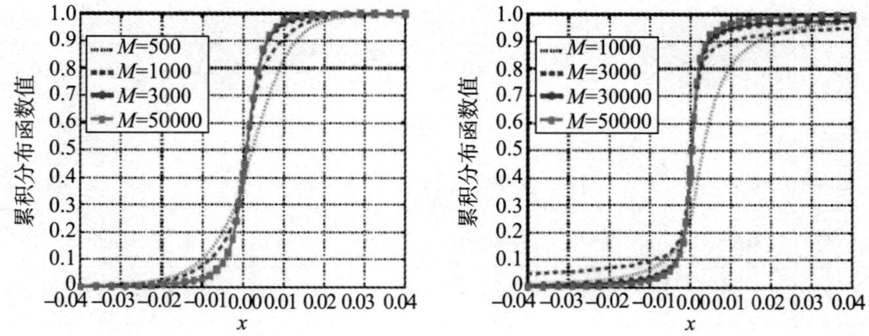

（a）GN模型　　（b）NIG模型

图 6-4　GH 过程累积分布函数

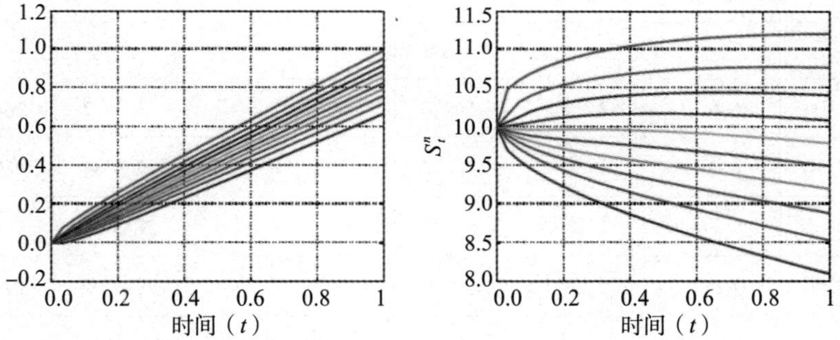

（a）节点 X_t^n　　（b）节点 S_t^n

图 6-5　过票节点轨迹

表 6-4　WT 与 MC 计算的期权价格

K	E-CALL-WT	E-CALL-MC	ERR	K	A-PUT-WT	A-PUT-MC	ERR
GN 模型							
2. 00	2. 6349	2. 6352	2.50×10^{-4}	10. 00	0. 4280	0. 4365	8.53×10^{-3}
2. 50	2. 1497	2. 1499	2.50×10^{-4}	10. 50	0. 7160	0. 7260	9.96×10^{-3}
3. 00	1. 6645	1. 6647	2.50×10^{-4}	11. 00	1. 0796	1. 0888	9.18×10^{-3}
3. 50	1. 1793	1. 1795	2.50×10^{-4}	11. 50	1. 5101	1. 5159	5.76×10^{-3}
4. 00	0. 6940	0. 6943	2.50×10^{-4}	12. 00	2. 0000	2. 0000	0. 00e+00
CPU(秒)	3. 14	32. 53	—		3. 14	311. 05	—

续表

K	E-CALL-WT	E-CALL-MC	ERR	K	A-PUT-WT	A-PUT-MC	ERR
HYP 模型							
2.00	1.9754	1.9754	4.06×10^{-6}	10.00	0.7461	0.7486	2.47×10^{-3}
2.50	1.4901	1.4901	4.06×10^{-6}	10.50	1.0421	1.0424	2.31×10^{-3}
3.00	1.0049	1.0049	4.06×10^{-6}	11.00	1.3759	1.3788	2.89×10^{-3}
3.50	0.5198	0.5198	9.49×10^{-6}	11.50	1.7479	1.7511	3.16×10^{-3}
4.00	0.0820	0.0823	2.69×10^{-4}	12.00	2.1510	2.1549	3.89×10^{-3}
CPU(秒)	2.78	23.5	—		2.14	290	—
NIG 模型							
2.00	2.3485	2.3488	3.27×10^{-4}	10.00	0.5662	0.5672	9.76×10^{-4}
2.50	1.8632	1.8636	3.27×10^{-4}	10.50	0.8566	0.8584	1.87e-04
3.00	1.3782	1.3782	3.27×10^{-4}	11.00	1.2025	1.2059	3.48×10^{-3}
3.50	0.8928	0.8931	3.27×10^{-4}	11.50	1.5961	1.6000	3.91×10^{-3}
4.00	0.4100	0.4040	3.29×10^{-4}	12.00	2.0307	2.0344	3.63×10^{-3}
CPU(秒)	0.82	0.40	—		3.14	311.05	—
VG 模型							
2.00	8.0583	8.0587	4.30×10^{-4}	10.00	0.1033	0.1016	1.73×10^{-3}
2.50	7.5731	7.5735	4.30×10^{-4}	10.50	0.5000	0.5000	0.00e+00
3.00	7.0879	7.0883	4.30×10^{-4}	11.00	1.0000	1.0000	0.00e+00
3.50	6.6026	6.6031	4.30×10^{-4}	11.50	1.5000	1.5000	0.00e+00
4.00	6.1174	6.1178	4.30×10^{-4}	12.00	2.0000	2.0000	0.00e+00
CPU(秒)	0.85	18	—		3.14	311.05	—

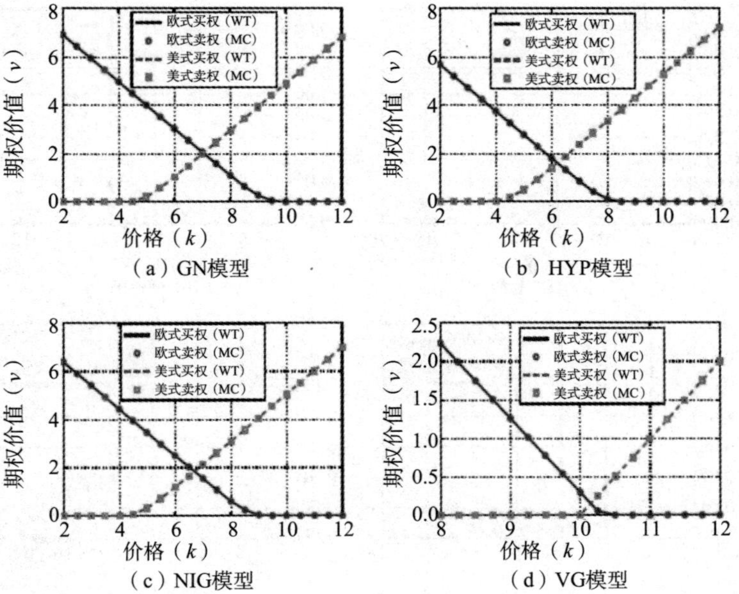

图 6-6　柳树方法看涨、看跌期权

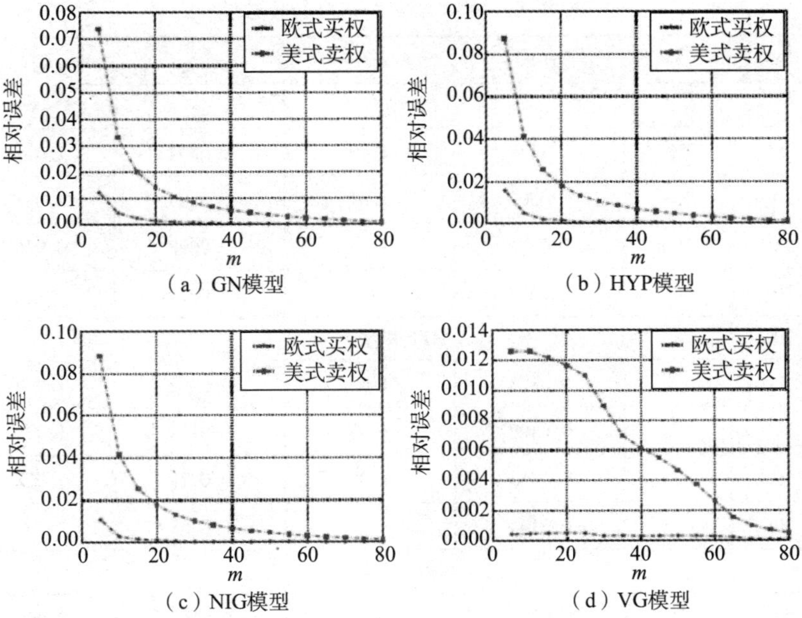

图 6-7　柳树方法关于 m 的收敛性

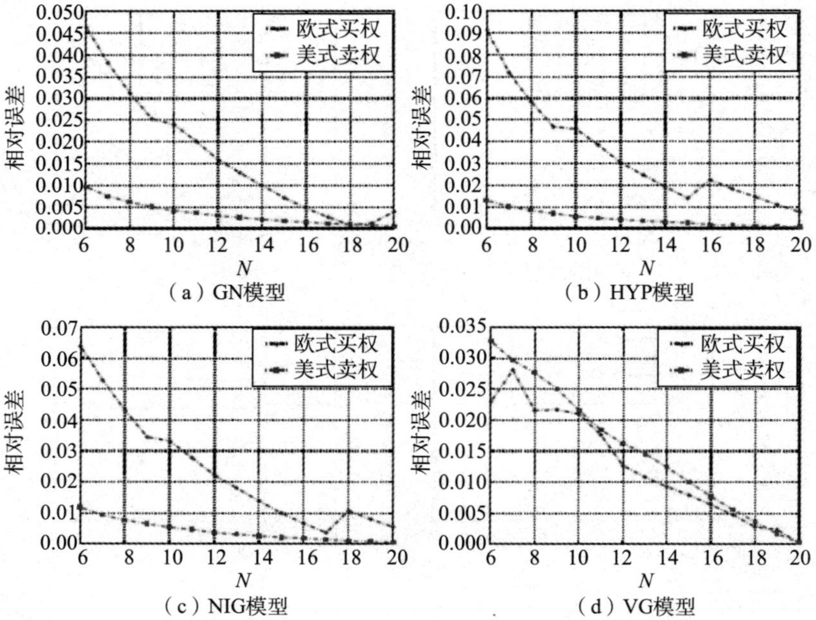

图 6-8　柳树方法关于 *N* 的收敛性

表 6-5　柳树方法关于 *N* 的收敛性

N	*m*	Err(Eu)	Conv. rate	Err(Am)	Conv. rate
GN 模型					
5	55	0. 1147	1. 19	0. 0302	1. 019
10	158	0. 0502	1. 07	0. 0149	1. 033
15	290	0. 0325	1. 15	0. 0098	0. 976
20	447	0. 0233	—	0. 0074	—
HYP 模型					
5	55	0. 0823	1. 00	0. 0252	1. 095
10	158	0. 0409	1. 08	0. 0118	1. 021
15	290	0. 0263	1. 05	0. 0078	1. 012
20	447	0. 0194	—	0. 0058	—
NIG 模型					
5	55	0. 0732	1. 02	0. 0145	0. 998

续表

N	m	Err(Eu)	Conv. rate	Err(Am)	Conv. rate
NIG 模型					
10	158	0.0362	1.09	0.0073	1.062
15	290	0.0232	1.20	0.0047	1.069
20	447	0.0164	—	0.0035	—
VG 模型					
5	55	0.1256	1.01	0.1423	0.985
10	158	0.0623	0.99	0.0719	1.054
15	290	0.0416	1.05	0.0469	1.037
20	447	0.0308	—	0.0348	—

6.6 小结

在 GH Lévy 过程下，本章发展了一种期权价格统一计算的柳树方法。与经典方法相比，其至少有两个优点：①无须计算高阶矩来确定股票离散节点；②给出了柳树方法的误差估计。数值实验表明柳树方法计算稳定，计算精度高、速度快，是一种很有前途的期权定价方法。

7

结论与展望

7.1 期权定价方法总结

本书从偏微分方程与柳树模型两个角度讨论期权定价问题的各种计算方法。从应用范围来看，固定网格差分方法基本适用于各类期权，Laplace 方法只有在偏微分方程系数不显含时间变量时才有效。从收敛性、稳定性和计算复杂性来看，欧式期权和美式期权的 Laplace 变换方法是非时间步进方式的，误差具有指数阶衰减性质，从而计算效率很高。柳树方法则是一种显示计算格式，计算过程简单，适用范围广泛，但收敛性偏低。

从研究的深度来看，欧式期权拉氏变换方法在收敛性、稳定性方面讨论比较彻底，而美式期权拉氏变换方法侧重于新方法的构建，其优越性能通过数值算例来展示。

7.2 进一步研究方向

本书所讨论的期权计算方法在很多方面仍有不完善之处，作为后续研究，可以从研究深度和应用广度两个方面考虑。

就研究深度而言，在误差控制和分析过程中忽略了某些因素的影响，或者回避了误差分析的讨论。这些不足归纳起来有：①作空间离散和截断时，现有文献总是取充分大的实数 X，然而 X 到底要取多大？没有学者进行过探讨，不过有一点可以肯定：X 取得太小期权计算精度会打折扣，取得太大必定会增加计算成本。能否事先确定合适的 X 或者事后对这种截断误差进行估计，这个问题值得仔细研究。②虽然多状态转移欧式期权的拉氏变换方法得到了很好的收敛性结果，然而对美式期权来说却远不够成熟。究其根源，美式期权含有自由边界，对自由边界的逼近必然存在误差，目前还没有较好的分析框架。③新型拉氏变换方法具有良好的稳定性和计算精度，其基本前提是偏微分方程等价于某个固定边界，然而对于状态转移模型的偏微分方程组来说，要做到这点会遇到技术困难，有待进一步研究。另外，通过最小化余量方法确定自由边界，当对数逼近多项式的项数增加时，其优化方法及其收敛性质也需要深入研究。

就应用广度而言，拉氏变换方法可以应用到股票借贷、投资优化和多资产定价问题的讨论中。股票借贷的支付函数与时间变量有关，执行边界不再具有单调性，但本质上的处理方法与期权定价一致。带交易费的投资优化导出与美式期权自由边界问题类似的模型，所不同的是它需要处理两个自由边界。多资产定价问题涉及的高维 PDEs 情况更为复杂。随着金融衍生产品不断推陈出新，计算金融还会遇到更多挑战，希望本书对今后的研究有些许借鉴作用。

关于分数阶偏微分方程的径向基函数方法研究目前讨论文献不多，是个好的研究方向。

参考文献

[1] BALLESTRA L V, PACELLI G. Pricing European and American options with two stochastic factors: a highly efficient radial basis function approach[J]. Journal of Economic Dynamics and Control, 2013, 37: 1142-1167.

[2] BANEI, SHANAZARI K. On the convergence analysis and stability of the RBF-adaptive method for the forward-backward heat problem in 2D [J]. Applied Numerical Mathematics, 2021, 159: 297-230.

[3] BASTANI A F, AHMADI Z, DAMIRCHELI D. A radial basis collocation method for pricing American options under regime-switching jump-diffusion models[J]. Applied Numerical Mathematics, 2013, 65: 79-90.

[4] BAYONA V, FLYER N, FORNBERG B, et al. On the role of polynomials in RBF-FD approximations: Ⅱ. numerical solution of elliptic PDEs[J]. Journal of Computational Physics, 2017, 332: 257-273.

[5] BAYONA V, FLYER N, FORNBERG B. On the role of polynomials in RBF-FD approximations: Ⅲ. behavior near domain boundaries[J]. Journal of Computational Physics, 2019, 380: 378-399.

[6] BAYONA V, MOSCOSO M, CARRETERO M, et al. RBF-FD formulas and convergence properties[J]. Journal of Computational Physics, 2010, 229: 8281-8295.

[7] BLACK F, SCHOLES M. The pricing of options and corporate liabilities[J]. Journal of Political Economy, 1973, 81: 637-654.

[8] BERNARD C, BOYLE P. Monte Carlo methods for pricing discrete Parisian options[J]. The European Journal of Finance, 2011, 17: 169–196.

[9] BOLLIG E, FLYER N, ERLEBACHER G. Solution to PDEs using radial basis function finite – differences (RBF – FD) on multiple GPUs [J]. Journal of Computational Physics, 2012, 231: 7133–7151.

[10] BUHMANN M D. Radial basis functions: theory and implementations, vol. 12 of cambridge monographs on applied and computational mathematics[M]. Cambridge University Press, 2003.

[11] CARTEA A. Dynamic hedging of financial instrument when the underlying s when the underlying follows a non follows a non–Gaussian process [N]. Birkbeck Working Papers in Economics & Finance, 2005.

[12] CECIL T, QIAN J, OSHER S. Numerical methods for high dimensional Hamilton–Jacobi equations using radial basis functions[J]. Journal of Computational Physics, 2004, 196: 327–347.

[13] CHAN R T L, HUBBERT S. Options pricing under the one–dimensional jumpdiffusion model using the radial basis function interpolation scheme[J]. Review of Derivatives Research, 2014, 17(2): 161–189.

[14] CHESNEY M, CORNWALLM J, JEANBLANC – PICQUÉ M, et al. Brownian excursion and Parisian barrier options [J]. Advances in Applied Probability, 1997, 29: 165–184.

[15] FEINGOLD D G, VARGA R S. Block diagonally dominant matrices and generalizations of the Gerschgorin circle theorem[J]. Pacific Journal of Mathematics, 1962, 12: 1241–1250.

[16] FLYER N, FORNBERG B, BAYONA V, et al. On the role of polynomials in RBF – FD approximations: interpolation and accuracy [J]. Journal of Computational Physics, 2016, 321: 21–38.

[17] FORNBERG B, FLYER N. Solving PDEs with radial basis functions[J]. Acta Numerica, 2015, 24: 215-258.

[18] FORNBERG B, LEHTO E. Stabilization of RBF-generated finite difference methods for convective PDEs[J]. Journal of Computational Physics, 2011, 230: 2270-2285.

[19] FORNBERG B, PIRET C. A stable algorithm for at radial basis functions on a sphere[J]. SIAM Journal on Scientific Computing, 2007, 30: 60-80.

[20] FORNBERG B, PIRET C. On choosing a radial basis function and a shape parameter when solving a convective PDE on a sphere[J]. Journal of Computational Physics, 2008, 227: 2758-2780.

[21] FORNBERG B, LARSSON E, FLYER N. Stable computations with Gaussian radial basis functions[J]. SIAM Journal on Scientific Computing, 2011, 33: 869-892.

[22] HU Y, ØKSENDAL B. Fractional white noise calculus and applications to finance[J]. Infinite Dimensional Analysis, and Quantum Probability and Related Topics, 2003, 6: 1-32.

[23] HUGONNIER J. The Feynman-Kac formula and pricing occupation time derivatives[J]. International Journal of Theoretical and Applied Finance, 1999, 2: 153-178.

[24] IMAI J, TAN K. An accelerating Quasi-Monte Carlo method for option pricing under the generalized hyperbolic Lévy process[J]. Siam Journal on Scientific Computing, 2009, 31(3): 2282-2302.

[25] JOHNSON N L. Systems of frequency curves generated by methods of translation[J]. Biometrika, 1949, 36: 149-176.

[26] JUMARIE G. Stock exchange fractional dynamics defined as frac-

tional exponential growth driven by(usual)Gaussian white noise. Application to fractional Black-Scholes equations[J]. Insurance: Mathematics and Economics, 2008, 42: 271-287.

[27] KIRKBY J. American and exotic option pricing with jump diffusions and other levy processes[J]. Journal of Computational Finance, 2018, 22: 89-148.

[28] KOU S A. Jump-diffusion model for option pricing[J]. Management Science, 2002, 48: 1086-1101.

[29] KUMAR A, VELLAISAMY P. Fractional normal inverse Gaussian diffusion[J]. Statistics and Probability Letters, 2011, 81: 146-152.

[30] LARSSON E, SHCHERBAKOV V, HERYUDONO A. A least squares radial basis function partition of unity method for solving PDEs[J]. SIAM Journal on Scientific Computing, 2017, 39: 2538-2563.

[31] LI H G, MOLLAPOURASL R, HAGHI M. A local radial basis function method for pricing options under the regime switching model[J]. Journal of Scientific Computing, 2019, 79: 517-541.

[32] LI C, CAI M. High-order approximation to caputo derivatives and caputotype advection-diffusion equations[J]. Journal of Computational & Applied Mathematics, 2016, 299(3): 159-175.

[33] LIANG J, WANG W, ZHANG W, et al. Option pricing of a bi-fractional Black-Merton-Scholes model with the Hurst exponent H in [1/2, 1][J]. Applied Mathematics Letters, 2010, 23: 859-863.

[34] LU L, XU W, QIAN Z. Efficient willow tree method for european-style and american style moving average barrier options pricing[J]. Quantitative Finance, 2016, 4: 15-24.

[35] LU X, LE N, ZHU S, et al. Pricing American-style Parisian

up-and-out call options[J]. European Journal of Applied Mathematics, 2018, 29: 1-29.

[36] MA J, HUANG S, XU W. An efficient convergent willow tree method for american and exotic option pricing under stochastic volatility models [J]. Journal of Derivatives, 2020, 27: 75-98.

[37] MADAN D, CARR P, CHANG E. The variance gamma process and option pricing[J]. European Finance Review, 1998, 2: 79-105.

[38] MADAN D, MILNE F. Option pricing with v. g. martingale components[J]. Mathematical Finance, 1991, 1: 39-55.

[39] MADAN D, SENETA E. The variance-gamma (v. g.) model for share market returns[J]. Journal of Business, 1990, 63: 511-524.

[40] MERTON R. Option pricing when the underlying stock returns are discontinuous[J]. Journal of Financial Economics, 1976, 3: 125-144.

[41] MUZZIOLI S, DE BAETS B. The variance-gamma process for option pricing[J]. Journal of Computational Finance, 1999, 2: 63-71.

[42] MUZZIOLI S, TORRICELLI C. The pricing of options on an interval binomial tree: An application to the dax-index option market[J]. European Journal of Operational Research, 2005, 163(1): 192-200.

[43] MA J, ZHOU Z. Convergence analysis of iterative Laplace transform methods for the coupled PDEs from regime-switching option pricing [J]. Journal of Scientific Computing, 2018, 75: 1656-1674.

[44] MA J, ZHOU Z. Fast Laplace transform methods for the PDE system of Parisian and Parasian option pricing[J]. Science China Mathematics, 2022, 65: 1229-1246.

[45] NOBILE R E, SARLER B. Novel multilevel techniques for convergence acceleration in the solution of systems of equations arising from RBF-FD

meshless discretizations[J]. Journal of Computational Physics, 2019, 392: 311-334.

[46] PANG H, SUN H. Fast numerical contour integral method for fractional diffusion equations [J]. Journal of Scientific Computing, 2016, 66: 41-66.

[47] PIRET C. The orthogonal gradients method: A radial basis functions method for solving partial differential equations on arbitrary surfaces [J]. Journal of Computational Physics, 2012, 231: 4662-4675.

[48] RADA J A, PARANDA K, ABBASBANDY S. Local weak form meshless techniques based on the radial point interpolation(RPI) method and local boundary integral equation (LBIE) method to evaluate European and American options[J]. Communications in Nonlinear Science and Numerical Simulation, 2015, 22: 1178-1200.

[49] RIEGER C, WICKNAGL B Z. Sampling inequalities for infinitely smooth functions with applications to interpolation and machine learning[J]. Advances in Computational Mathematics, 2010, 32: 103-129.

[50] RUBINSTEIN L. Partial differential equations in classical mathematical physics[M]. Cambridge University Press, 1998.

[51] SAFDARI-VAIGHANI A, HERYUDONO A, LARSSON E. A radial basis function partition of unity collocation method for convection-diffusion equations arising in financial applications[J]. Journal of Scientific Computing, 2015, 64: 341-367.

[52] SHCHERBAKOV V. Radial basis function partition of unity operator splitting method for pricing multi-asset American options[J]. BIT Numerical Mathematics, 2016, 56: 1401-1423.

[53] SAFDARI-VAIGHANI A, LARSSON E, HERYUDONO A. Radial

basis function methods for the Rosenau equation and other higher order PDEs [J]. Journal of Scientific Computing, 2018, 75: 1555-1580.

[54] SARRA S A, STURGILL D. A random variable shape parameter strategy for radial basis function approximation methods [J]. Engineering Analysis with Boundary Elements, 2009, 33: 1239-1245.

[55] SHANKAR V, WRIGHT G B, KIRBY R M, et al. A radial basis function(RBF)-finite difference(FD)method for diffusion and reaction diffusion equations on surfaces[J]. Journal of Scientific Computing, 2014, 63: 745-768.

[56] SHANKAR V, NARAYANB A, KIRBY R M. RBF-LOI: augmenting radial basis functions(RBFs)with least orthogonal interpolation(LOI) for solving PDEs on surfaces[J]. Journal of Computational Physics, 2018, 373: 722-735.

[57] SHANKAR V, FOGELSON A L. Hyperviscosity-based stabilization for radial basis function-finite difference(RBF-FD)discretizations of advection-diffusion equations[J]. Journal of Computational Physics, 2018, 372: 616-639.

[58] SHANKAR V, KIRBY R M, FOGELSON A L. Robust node generation for mesh-free discretizations on irregular domains and surfaces[J]. SIAM Journal on Scientific Computing, 2018, 40: 2584-2608.

[59] SHCHERBAKOV V, LARSSON E. Radial basis function partition of unity methods for pricing vanilla Basket options[J]. Computers & Mathematics with Applications, 2016, 71: 185-200.

[60] SCHRÖDER M. Brownian excusions and Parisian barrier options: a note[J]. Journal of Applied Probability, 2003, 40: 855-864.

[61] SCHOUTENS W. Lévy processes in finance: Pricing financial

derivatives[M]. John Wiley and Sons, 2003.

[62] SATO K. Lévy processes and infinitely divisible distributions[M]. Cambridge University Press, 1999.

[63] TALBOT A. The accurate numerical inversion of Laplace transforms [J]. Journal of the Institute of Mathematics and its Applications, 1979, 23: 97-120.

[64] WEIDEMAN J A C, TREFETHEN L N. Parabolic and hyperbolic contours for computing the Bromwich integral[J]. Mathematics of Computation, 2007, 76: 1341-1356.

[65] WENDLAND H. Approximate interpolation[J]. Numerische Mathematik, 2005, 101: 643-662.

[66] WENDLAND H, RIEGER C. Scattered data approximation[M]. Cambridge University Press, 2005.

[67] WANG J, XU W. Risk based capital for variable annuity under stochastic interest rate[J]. Astin Bulletin, 2020, 50(3): 959-999.

[68] XU W, HONG Z, QIN C. A new sampling strategy willow tree method with application to path-dependent option pricing[J]. Quantitative Finance, 2013, 13(6): 861-872.

[69] TALBOT A. The accurate numerical inversion of Laplace transforms [J]. Journal of the Institute of Mathematics and its Applications, 1979, 23: 97-120.

[70] WEIDEMAN J, TREFETHEN L. Parabolic and hyperbolic contours for computing the Bromwich integral[J]. Mathematics of Computation, 2007, 76: 1341-1356.

[71] ZHOU Z, MA J, GAO X. Convergence analysis of iterative Laplace transform methods for a system of fractional PDEs and PIDEs[J].

East Asian Journal on Applied Mathematics, 2018, 8: 782-808.

[72] ZHOU Z, MA J, SUN H. Fast Laplace transform methods for free-boundary problems of fractional diffusion equations[J]. Journal of Scientific Computing, 2018, 74: 49-69.

[73] ZHOU Z, MA J. Fast Laplace transform methods for the PDE system of Parisian and Parasian option pricing[J]. Science China Mathematics, 2022, 65(6): 1229-1246.

[74] ZHU S. A new analytical approximation formula for the optimal exercise boundary of American put options[J]. International Journal of Theoretial and Applied Finance, 2006, 9: 1141-1177.

[75] ZHU S, CHEN W. Pricing Parisian and Parasian options analytically [J]. Journal of Economic Dynamics and Control, 2013, 37: 875-896.

[76] ZHU S, LE N T, CHEN W T, et al. Pricing Parisian down-and-in options[J]. Applied Mathematics Letters, 2015, 43: 19-24.

[77] ZHOU Z, MA J, SUN H W. Fast Laplace transform methods for free-boundary problems of fractional diffusion equations[J]. Journal of Scientific Computing, 2018, 74: 49-69.

[78] 姜礼尚. 期权定价的数学模型和方法[M]. 北京: 高等教育出版社, 2008.

[79] 周志强. 期权定价的移动网格方法和拉氏变换方法研究[D]. 成都: 西南财经大学, 2017.

后　记

本书写作受到各方面的关注和帮助，在此一并感谢：感谢湘南学院2017—2021级金融工程专业的同学们提出很多宝贵意见，感谢湘南学院金融工程教研室老师给予关注和支持，感谢湖南省自然科学基金的资助（NO. 2020JJ4562），感谢国家自然科学基金的资助（NO. 12171409），感谢湖南省教育厅重点项目的资助（NO. 238945）。

周志强　吴红英

2024年6月